定年後のお金「見える化」入門

定年安心ノートで
老後2000万円問題を
スッキリ解決!

社会保険労務士／ファイナンシャル・プランナー／キャリアカウンセラー
澤木 明

まえがき

定年後のことをきちんと考えている人は意外に少ない

私は52歳の時、28年間勤めた会社を早期退職して、独立開業しました。

そして独立後は、企業や官公庁で行われる「定年準備セミナー」の講師の仕事を20年にわたって続けています。年間１００回以上のセミナーがありますので、20年間では延べ２０００回以上ということになります。また、セミナーを終えた後には、定年後のお金のことや働き方など様々な質問や相談を受けており、20年間で延べ１０００件を超える相談に乗ってきました。

セミナーでは主に50代後半のサラリーマンの方々を対象に、「定年後も不安なく安心して暮らしていくために、どのような準備を進めていけば良いか？」をテーマにして、定年後のお金のことや、生きがいづくりなどについてお話ししています。そして、「できる限り早めに定年後の準備を始めましょう」と訴えています。

ところが、実際にはそうしたセミナーに参加される方々であっても、定年後のことをきちんと考えている方は意外に少ないのものです。

「仕事が忙しくて、将来のことはまだ考えられません」

「今まで何とかなってきたので、これからも何とかなると思っています」

そんなふうにおっしゃる方が多いというのが、私の実感です。

気持ちは分からなくもないのですが、本当に何とかなるのでしょうか？

人生１００年時代の到来で定年後は「余生」ではなくなった

確かに、一昔前なら何とかなったかもしれません。

例えば１９６０年当時、男性の平均寿命は65歳、女性の平均寿命は70歳でした。その頃は定年が55歳だったので、定年後の人生は10年そこそこということになります。ですから、定年後は「余生」と考えても問題はありませんでした。

ところが今や、男性の平均寿命は81歳を超え、女性の平均寿命は87歳を超えています。平均余命で見ると、65歳時点での平均余命は男性20年、女性25年です。仮に65歳まで会社で働き続けた場合でも、20年以上も人生が残っているのです。

しかも、これからも寿命は延び続けると思われます。「人生１００年時代」とも言われ、１００歳まで生きることが当たり前になりつつあるのです。

そうすると、定年後も「余生」では済まされなくなります。「何とかなるだろう」では済まされなくなるのです。

あなたは定年後、何もすることがなく家でゴロゴロして「ぬれ落ち葉」と言われたり、「粗大ゴミ」と言われたりしながら、20年以上過ごしたいでしょうか？　それよりもむしろ、新入社員の気持ちになって「新たな人生がスタートする」と考えた方が良いのではないでしょうか。

ならば今、「新たな人生をスタートする準備」を始めた方が良さそうです。

しっかり準備して充実した定年後を

そこで本書では、定年後の人生、とりわけ65歳以後の人生を安心して迎えていただくための準備方法を、読者のみなさんに紹介したいと考えています。

まず第1章では、「定年後のお金にまつわる失敗談」をご紹介します。20年にわたる中高年の方々の相談事例を元に、お金に関係する典型的な失敗談を取り上げましたので、先輩方と同じ轍を踏まないよう参考にしてください。

次に第2章では、「定年後のお金に関する制度を知っておこう」と題して、年金制度や健康保険、雇用保険、介護保険などの社会保険制度について解説します。複雑な仕組みになっているものもありますが、特に社会保険制度では知らないと損することがいっぱいあります。基本的なことはぜひ押さえておきましょう。

そして、第3章、第4章ではいよいよ「定年後のお金の見える化」をしていきます。

第3章では、「定年後の支出を確認しよう」と題して、ご自身の将来の基本生活費や、住居関係費用、医療関係費用、介護関係費用などの支出を見積もっていただきます。

第4章では、「定年後の収入をイメージしよう」と題して、退職金の額や年金の額、雇用保険からの失業給付などの収入を見積もっていただきます。

この2つの章では記入シートを設けましたので、ぜひご自分で手を動かして数字を書いてみてください。

最後に、第5章では、「お金の見える化をした後に考えること」と題して、お金以外のこと、すなわち65歳以後の生き方や働き方を考えていただきます。

「楽しくチョイ働き」で老後２０００万円問題は解決

定年準備と聞いて、２０１９年頃に話題になった「老後２０００万円問題」を思い出して不安になっている方もいらっしゃるかもしれません。２０００万円という具体的な金額を聞いて、「年金だけでは、長い老後生活を送るのは難しそうだな」と定年後に大きな不安をいだいた方も多かったのではないかと思います。

しかし、本書の通りに「お金の見える化」をしてみると、多くの方はそこまで心配しなくても大丈夫だということが分かるはずです。40年前後一生懸命働いてきたサラリーマンの方々は、ある程度の年金をもらえますし、預金や退職金もありますので、基本的な生活費は何とかなることが多いのです。

ただし、定年後は自由時間がたっぷりありますので、「たまには夫婦で温泉旅行に行きたい」とか「仲間とゴルフを楽しみたい」とか「釣りを楽しみたい」とか「豪華なランチを楽しみたい」とか、夢はいっぱいあるでしょう。それらの夢を実現するための「余裕」を作り出すためには、定年後に週2～3日「楽しくチョイ働き」するという選択肢もあるのかな、と私は考えています。

年金だけでは夢の実現費用には足りなかったとしても、フルタイムでなくパート・アルバイト程度の収入があれば十分です。それに、働いていれば収入を得られるだけでなく、規則正しい生活習慣が続き、健康にも良いでしょう。仲間ができて孤独になることもありません。何より生きがいが生まれます。夫婦の間に適度な距離が保たれ、夫婦関係も良くなるのではないでしょうか？

まずは、定年後もより充実した人生を送るために、ご自身としてどんな生活を送りたいか、ぜひ将来計画を練ってみてください。本書が、そのための一助となれば幸いです。

2023年6月

澤木　明

もくじ

第3章 定年後の支出を確認しよう

第4章 定年後の収入をイメージしよう

第1章

定年後によくある お金の失敗

定年後にはどんなお金がもらえて、どんなお金が出ていくのか？　これをよく理解せずに、老後資金のやりくりに行き詰まってしまう人は少なくありません。まずはどんな失敗が多いのか、具体的な例をお伝えしていきましょう。何を知っておかなくてはならないのか、見えてくるはずです。

1 老後資金についての失敗

どんぶり勘定の癖が抜けず家計が破綻！

「あなたのご家庭では、今どのくらいの生活費がかかっていますか？」

私が定年準備のセミナーなどで驚かされるのが、この問いに答えられない50代後半のサラリーマンの方々が非常に多いということです。そういう方は、これまで家計収支をどんぶり勘定で済ませてきたので、定年後もどんぶり勘定で何とかなると考えてしまっているようです。

しかし、そううまく行くとは限りません。私がこれまで見てきた例を紹介しましょう。

80代になった安達達夫さん（仮名）には、貯蓄がほとんど残っていませんでした。もちろん定年時には退職金もきちんと出たし、それなりの蓄えもありました。しかし、銀行口座にお金があるのをいいことに、好きな豪華客船の旅行に出かけたり、趣味の高級車を2年ごとに買い換えたりと、無計画に散財してしまったのです。

その結果、今では夫婦の年金月額21万円だけが頼りとなり、生活するのが精一杯です。住まいが持ち家なので、家賃負担がないことだけが不幸中の幸いです。もしも医療費の負担が多くなったり、介護費用の負担が多くなったりした場合、お金に困窮することは必至です。万が一のことが起こらないことを祈る日々です。

「20年前から老後資金の計画を立てておくべきだった」

安達さんは後悔しきりですが、もはや手遅れとしか言えません。

死ぬまで使い切れない大金に「こんなことなら」と後悔

一方、幸いお金には困っていないものの、老後に必要な資金を把握していなかったために後悔している方もいらっしゃいます。

榎本正文さん（仮名・60歳）は、とても慎重な方です。その慎重さゆえに株などの投資はしていませんでしたが、若い時から地道に節約を重ねてきました。その結果、定年直前の貯蓄は2億円を超えていたそうです。

そこまでは立派なことなのですが、定年後の今も、ひたすらお金を使わない人生を送っていたのです。不思議に思って「せっかくお金に余裕があるのだから、もっと人生をエンジョイしても大丈夫じゃないですか？」と聞いてみると、榎本さんはこう答えました。

「でも先生、いつかお金が足りなくなるかもしれないじゃないですか」

私は、そこまで心配なら一度家計を見直して、どれくらい余裕があるか確かめてみてはどうかとアドバイスしてみました。そして、実際に一緒に計算してみたところ、今のペースだとおそらく死ぬまでお金が使い切れないほど余っていることが分かったのです。おまけに多額の相続税も課税されます。

「こんなことなら、もっとやっておきたいことがあったのに……」

榎本さんはショックを受けていたようでした。幸いお金はあるのですから、せめて、これからの人生を楽しんでほしいと祈っています。

きちんと定年準備をすれば老後資金の問題は防げる

このようにお金があるにせよ、ないにせよ、老後資金をきちんと把握していないと、こんなはずではなかったと後悔することになりかねません。では、老後資金はいくらあればいいのでしょうか？

ここで、２０１９年に世間を騒がせた「老後２０００万円問題」を思い出す方もいらっしゃるかもしれません。65歳以後夫婦世帯での月々の生活費が26・４万円であり、年金収入が20・９万円なので、月々５・５万円の不足額が生じ、95歳までの30年間で約２０００万円不足するという問題でした。

しかし、これはあくまで総務省の「家計調査報告」における平均値に基づいて計算した金額に過ぎません。月々どのくらいの生活費が必要かについては、家庭によって異なります。人それぞれに求める生活レベルも異なりますし、ローンが残っているかいないか、定年後にどのくらい働くつもりかなど、家計の事情も違うからです。

また、老後２０００万円不足問題の計算のベースになっている家計調査報告の数値は２０１７年のものです。この数値は当然、年度によって異なっており、２０００万円というのは一つの目安に過ぎません。

安心してほしいのですが、実際問題として私は「老後２０００万円問題は、ほとんどの人にとっては心配無用」だと考えています。

ただし、そのためには本書で紹介する定年準備をきちんとしておく必要があります。

その第一歩として、まずは「今どのくらいの生活費をかけているのか」を把握しておいてほしいのです。その方法は、第3章で詳しく説明しますので、ぜひ取り組んでみてください。

2 年金についての失敗

繰上げ受給で年金が一生減額！

定年退職後の主な収入源と言えば、年金です。定年後の生活資金としてあてにしている方がほとんどでしょう。

しかし、その大切な年金にも、意外な落とし穴が存在します。

例えば、受給開始時期について。

サラリーマンだった人は老齢基礎年金と老齢厚生年金を原則65歳から受給できます。

「原則」と言ったのは、希望すれば、自身のライフプランに応じて受給開始年齢を60歳から75歳までの間で自由に選択できるからです。このうち65歳より早くもらうことを「繰上げ受給」、65歳より遅くもらうことを「繰下げ受給」と言います。

ただし、この受給開始のタイミングはよく考えることをお薦めします。

「早くからお金をもらえるなら、繰上げ受給した方が得じゃないか」と思うかもしれませんが、もちろんその分、デメリットがあるのです。具体的には、ひと月繰上げるごとに、受給額が減額されます。現在は0・4％ですので、仮に60歳からもらい始めると0・4％×12月×5年で24％の減額ということになります。

そのため繰上げ受給は、「子どもの教育費の負担がまだあるので、少しでも生活費を補いたい」とか「病気を抱えていて長生きできそうもないので、早くもらっておきたい」などの事情がある人が利用するケースが多いでしょう。

大久保隆夫さん（仮名・70歳）も、老齢基礎年金を繰上げ受給して60歳からもらい始めた1人です。その理由は単純でした。

「年金制度は破綻するのだから、早くもらわないと損しますよ。早くもらって、元気なうちに趣味を楽しんだ方がいいですよ」

知人からそんなアドバイスを受けたからだったのです。さらに大久保さんが定年になった当時は管理職の人が再雇用で働くことは少なかったので、当然のように60歳からは勤労生活に終止符を打ち、年金生活に入ろうと決めました。

しかし、大久保さんは70歳になった今、とても後悔しています。減額された老齢基礎年金が一生続くことになるからです。

大久保さんが繰上げ受給を決めた当時の減額率はひと月あたり０・５％でしたから、５年の繰上げ受給で30％減額されました。金額にすると、大久保さんが65歳から老齢基礎年金をもらう場合は年額73万円でしたが、これが30％減額されて年額51万円。その差は年間22万円、月々１万８３３３円にもなります。年額22万円の差は、30年間では６６０万円もの差になります。

いったん繰上げ受給をしてしまうと、後から変更は利きません。まさに後悔先に立たず、です。

繰下げ受給で損をするケースもある

さて、「繰上げ受給すると受給額が減額される」と説明しましたが、その逆もまた然りです。すなわち、年金を65歳より遅くもらう「繰下げ受給」を希望した場合、ひと月繰下げるごとに受給額が増額されます。こちらの増額率は０・７％となっていますので、仮に70歳からもらい始めると０・７％×12月×５年で42％の増額となる計算です。

これを利用して、65歳を過ぎても何かしらの収入があり生活に困らなければ繰下げ受給をして、高い受給額で年金をもらうという人もいます。もちろんそういう選択も大いにありです。ただし、繰下げ受給をして後悔した方の例もありますので、注意してください。

金井道夫さん（仮名・70歳）は、老齢基礎年金と老齢厚生年金の両方を繰下げ受給しましたが、その後「加給年金額」について知り、後悔しています。

加給年金額というのは、金井さんが65歳になった時から3歳年下の奥様が65歳になる時まで、金井さんの老齢厚生年金に加算されるものです。ところが、金井さんは繰下げ受給を選択したために、加給年金額が加算されなかったのです。

加給年金額は年額で約40万円。金井さん夫婦の年の差は3年ですから、40万円×3年＝120万円を受け取り損ねたことになります。

年金の繰上げ・繰下げ受給については、このように様々な条件によって有利不利が変わりますので、単純にどちらが得と言えるものではありません。よく仕組みを知ったうえで選択するようにしてください。

転職が多いと年金が思ったより少なくなることも

また、そもそも繰上げ・繰下げ以前の問題として、自分が受給できる年金の支給額を把握しないまま「老後は年金がもらえるから」と安心している人も多いものです。ところが、ふたを開けてみたら受給額がかなり少なく、困ってしまうというケースもあります。

定年を目前に控えて相談に来られた木島佳代子さん（仮名・59歳）もその１人。

「私は40年以上も年金の保険料を払ってきたのに、なんでこんなに年金額が少ないの？　計算間違いしているんじゃないの」

そういうので、持参してもらったねんきん定期便を見せてもらうと、木島さんは頻繁に転職していたことが分かりました。一つの会社で昇給する前に転職してしまっていたので、40年以上働いてもあまり昇給していなかったのです。

おまけに年金加入履歴に誤りが見つかりました。せっかく勤めていたのに、ところどころ保険料を納めた記録が残っていないのです。

これにより、木島さんの年金額は、勤務期間の割には少ないということが判明しました。さっそく年金事務所に行って年金記録の誤りを訂正する請求をしましたが、残念ながら受給額が大幅に増額することはありませんでした。

転職だけでなく、長年同じ会社で働き続けた人でも転勤が多い人は、木島さんのように年金記録に誤りがあるケースがごくまれにあります。記録の誤りは自分のせいではないにしても、損をするのは自分ですので、年金記録は定年前にしっかり確認しておくことが大切です。

再雇用への誤解で痛恨の選択ミス

最近は、60歳の定年後も、年金の受給が開始される65歳まではこれまで勤めてきた企業に再雇用で勤め続けることが一般的になってきました。とはいえ、60歳でリタイアして悠々自適の生活を送りたいと考える人もいらっしゃるでしょう。

実はこの選択が年金に与える影響についても、注意が必要です。

一般的には、再雇用後は役職を解かれ、給料が低くなることが多いと思います。黒川一郎さん（仮名・61歳）の場合も、60歳以後も会社で働き続けると、給料が50％ダウンすることになっていました。さらに先輩からは「再雇用後の給料が減ると、将来の年金額も減ってしまう」と聞いていたそうです。

また、「厚生年金保険に加入して働き続けていると、老齢厚生年金の一部または全部が支給停止される」との情報も得ていました。そこで黒川さんは再雇用で働き続ける意欲がわかず、60歳以後は簡単なアルバイトで収入を得ることにしたのです。

しかし、先輩たちのアドバイスが間違っていたことに、後から気づきます。

黒川さんの60歳までの年収は７２０万円でしたので、再雇用されると、年収は３６０万円になります。そのため、仮に黒川さんが65歳になるまで5年間働き続けるとすると、65歳からもらえる老齢厚生年金は、60歳からもらう額よりも年額10万円弱増えることになったのです。給料が減っても年金額が必ずしも減るわけではありませんでした。

また、老齢厚生年金の月額と給与月額（年収の12分の１）の合計が48万円以下であれば、老齢厚生年金が支給停止になることはありません。黒川さんの場合はこの48万円には満たず、老齢厚生年金は支給停止されませんでした。

黒川さんはこれを後から知りましたが、時すでに遅しだったのです。

このように年金というのは複雑な制度ですので、しっかり理解しておかないと思わぬ損をすることになります。年金制度の仕組みについては第2章で詳しく説明しますので、しっかり理解しておきましょう。

3 退職金についての失敗

一時金か年金かで総額が変わることも

年金と並んで定年後の生活資金として重要なのが、退職金です。みなさんは、ご自身の勤める会社の退職金制度を把握しているでしょうか?

退職金と言うと、定年退職時に一括で支払われる退職一時金をイメージされる方が多いと思いますが、お勤めの会社によっては、退職金の一部を企業年金として毎月支払うというところもあります。例えば退職金１８００万円のうち、１１００万円が定年退職時に退職一時金として支払われ、残りは企業年金として年間40万円、20年間支払われる、というようなケースです。

また、すべてを一時金として受け取るか、一部を企業年金として受け取るかを選べる企業もあります。ただし、選択肢によって総額が変わることもあるので注意が必要です。

小林利通さん（仮名・70歳）の会社では、退職金の60％まで年金でもらうことができました。そして、小林さんの場合、一時金でもらうより、年金でもらった方が総額で数百万円多くもらえることが分かり、迷わず60％すべてを年金でもらうことにしたそうです。

しかし、会社を完全リタイアして年金だけの生活に入ると、税金や社会保険料が意外に高いということに気づきました。もしも退職金をすべて一時金で受け取っていれば、一定以内の金額であれば税金はかからずに済んだのですが、年金形式で受け取り続けた場合、所得税と住民税および社会保険料の負担が大きくなることが分かったのです。

年金には税金や社会保険料が発生します。詳しくは第2章で説明しますが、意外と見落としがちなポイントですので、気を付けましょう。

退職金で住宅ローンを完済したら裏目に……

また、退職一時金のように一度に多額のお金が入る際には、その使い方もしっかり計画しておかなくてはなりません。中には大金を手にしたことで舞い上がってしまい、数年でほとんど使い果たしてしまう人もいます。

無計画に浪費するのは論外ですが、意外と判断が難しいのが「定年時に残っていた住宅ローンなどの残債を、退職金で完済してしまう」というパターンです。借金がなくなるのですから一見良さそうに思えるのですが、これが裏目に出てしまうことも少なくありません。

定年直前、住宅ローンの残債が1200万円あった斉藤敏也さん（仮名・60歳）も、奥様と話し合い、これを退職一時金ですべて返済することにした1人です。

斉藤さんは、定年後も同じ企業で再雇用され勤労収入は見込めており、また退職金の一部からもらえる企業年金もあるので、老後の生活費はしっかり確保できる状態でした。そのため退職一時金はローン返済にあてても良いと考えたのです。

ところが、その計画は大幅に狂いました。斉藤さんはローン完済後に間もなく、不運にも、くも膜下出血で亡くなってしまったのです。

もし退職一時金を住宅ローン完済にあてていなければ、住宅ローンは斉藤さんが亡くなれば団体信用生命保険によって完済されるので、退職一時金はまるまる手元に残っていたのですが……結果として、遺族となった奥様の老後生活は寂しいものになってしまいました。

「ローンの金利は高くなかったし、そのまま毎月の返済を続けておけば良かった」

奥様は後悔しきりです。

退職金については主に第４章で説明しますので、その使い方については十分に吟味しておきましょう。

4 公的医療保険についての失敗

手続きが遅れたことで負担が1・6倍に

定年デビュー時は、これまで会社任せにしてきた医療保険についても、自分でしっかり仕組みを理解しておかなくてはなりません。

これで失敗したのが佐藤誠一郎さん（仮名・60歳）。彼はそもそも定年退職後は勤務先の健康保険組合の任意継続被保険者になることを希望していたのですが、退職から20日以内に申し込まなければならなかったにもかかわらず、申し出が大幅に遅れ、任意継続被保険者になることができませんでした。

そこでしかたなく地元の市役所に行き、国民健康保険に加入したところ、その保険料の高さに驚くことになります。なんと年額で60万円だったのです。勤務先の健康保険組合の任意継続であれば年額36万円で済んだのですが、ほぼ1・6倍もの負担増になってしまいました。

公的医療保険をはじめとする社会保険の手続きの期限は、法律で厳格に決められています。特別の事情がない限り定められた期限を過ぎると手続き書類を受理してもらえません。退職するまでにきちんと手続きの準備をしておきましょう。

国保では家族を被扶養者にできなかった

なお、日本は国民皆保険制度ですので、定年後も何らかの形で公的医療保険に加入する必要があります。主な選択肢としては、勤務先の健康保険組合で任意継続という形でそのまま被保険者になるか、国民健康保険に加入するかですが、この選択においてはそれぞれの条件をよく見て判断する必要があります。

情報をもう少し精査しておけば良かったというのは、定年後に実家へ転居した佐野明さん（仮名・65歳）です。佐野さんは住まいが会社から遠ざかったため、勤務先の健康保険組合の任意継続被保険者になるより、国民健康保険に加入する方がいいと判断し、転居先の市役所で国民健康保険に加入する手続きを行いました。

その後、しばらくして子どもが離婚し、子連れで実家に戻ってきたので、子どもも孫も国民健康保険の被扶養者として加入させようと考えましたが、それは叶いませんでした。なぜなら、国民健康保険には被扶養者という概念がないからです。そのため、子どもも孫も一人一人被保険者になるのです。

また、健康保険組合には「付加給付」という制度があり、医療費が高額になっても、ひと月の支払い限度額は2万5000円で済みます。しかし国民健康保険の場合は高額療養費制度があるものの、健康保険組合ほど手厚くありません。

佐野さんは、健康保険組合や国民健康保険の担当者の話を事前にもう少しきちんと聞いて、総合的に判断しておけば良かったと言います。

いったん国民健康保険に加入してしまうと、再び元の勤務先の健康保険組合での任意継続に戻ることはできません。健康保険をはじめとする社会保険については第2章で詳しく説明しますので、しっかり勉強しておきましょう。

5

生命保険やがん保険についての失敗

過剰な生命保険には相続税が発生することも

みなさんの中には、複数の生命保険に入っている人もいるのではないでしょうか。もしそうなら、定年を機に、一度見直してみると良いでしょう。

塩沢政幸さん（仮名・65歳）は若い頃、自分にもしものことがあったら妻や子どもたちが経済的に困窮するだろうと心配し、複数の生命保険に入っていました。職場に回ってくる生命保険の案内チラシに「ご自身が亡くなられたら？」「生命保険に加入しませんか」と書かれているのを見るたびに、つい心配になって生命保険に次々に加入していたのです。

そこで50代後半になった頃、自分にもしものことがあったら、いくらの保険金が出るのか計算してみました。すると、合計７０００万円もの保険金が下りることが発覚。

ひょっとして生命保険をかけすぎているのではと思い、ファイナンシャルプランナーに相談してみたところ、次のように言われました。

「もしものことがあって7000万円の保険金が下りた場合、保険金以外の財産も含めて、相続税が150万円ほどかかりそうです」

「7000万円の保険金が下りなければ、今所有の不動産や預貯金の財産だけであれば、相続税はかかりません。子どもが小さいうちは、ご主人に万が一のことがあると家族が経済的に困るので生命保険は必須でしたが、子どもが経済的に自立したら生命保険はほぼ不要になります。ご主人に先立たれた奥様には公的年金制度から遺族年金が支給されますので、1000万円程度の生命保険で十分と思われます」

今まで加入していた生命保険は、6000万円分も過剰に入りすぎていたわけです。そのために支払っていた保険料には年間50万円ほどかかっていました。子ども2人が社会人になり、すでに15年。つまり15年分の750万円、無駄な出費をしていたことになります。

本来、保険というのはライフスタイルの変化に応じて都度見直すべきものです。特に定年というのはライフスタイルが大きく変わるタイミングですので、保険見直しの絶好のチャンスと言えます。保険については第3章で説明しますので、無駄な出費を防ぐためにもぜひチャレンジしてみてください。

がん保険も意外と無駄かもしれない

また、保険と言えば、がんにかかると多額の医療費がかかると心配して、がん保険に入っている人も多いと思います。

鈴木浩二さん（仮名・62歳）もその１人。年間保険料を4万円ほど払って2つのがん保険に入っていました。ところが、がんにかかった同僚の話を聞いて、がん保険が本当に必要だったのか疑問に感じたそうです。

その同僚は、30歳からがん保険に加入して毎年3万円の保険料を払い続けていました。60歳を過ぎてがんにかかるまで、約30年間保険料を払い続けてきたので、払った保険料の総額は約１００万円になります。その彼が、こう話してくれたそうです。

「治療費は公的医療保険の高額療養費制度のおかげで数万円で済んじゃった。診断給付金をもらえて助かったことは事実だけど、もらえた給付金は１００万円だったから、結局払ってきた保険料が返ってきただけだった」

つまり、がんの治療費そのものはがん保険の給付金がなくても、それほど大きな負担にならなかったらしいのです。

鈴木さんが、30年間支払ってきたがん保険の保険料の総額は120万円。これを老後資金に残していれば、定年後は温泉旅行やゴルフに使えたかもしれません。

もちろん、治療費のすべてが公的医療保険の対象とは限りませんので、がん保険がまったく必要ないとは言いません。しかし、自分ががんにかかった際にどんな治療を受けたいのか、そのためにいくら必要なのかを考えておかないと、無駄に高額な保険料を支払うことにもなりかねないのです。

定年時に保険を見直す際、死亡保険についてはライフスタイルの変化に応じて見直しても、がん保険はまさにこれから必要な保険ということで見直し対象から外してしまいがちですので、注意しましょう。

6 介護費用についての失敗

介護離職でドツボにはまった！

現在、日本で深刻な問題になっているのが、高齢者の介護です。少子高齢化により、介護の負担はますます大きくなってきています。定年後に、この問題に直面する人も少なくありません。

妻に先立たれた瀬戸順治さん（仮名・61歳）も、定年後に再雇用先で働き始めたタイミングで、近くに1人で住む90代の母親が認知症になり、その介護を担うようになりました。出勤前に母親宅に寄って朝食を取らせて昼食を用意し、帰宅時にまた寄って食事を取らせる。当初はそんな毎日を送っていたそうです。

しかし認知症は日々進んでいきます。介護の負担が大きくなる中、少しでもその負担を軽減しようと瀬戸さんは同居を考えていましたが、母親も同居する息子たちも、同居には消極的。さらに介護施設への入居もイヤだと言います。他人が家の中に入ることを極端に嫌うため、要介護の認定を受け、介護サービスを受けることもできません。

そこで瀬戸さんは「もう限界」と考え、仕事を辞めて介護に専念することにしました。

すると当然ながら、介護離職により瀬戸さんの収入は途絶えます。定年再雇用時は、300万円の年収で生活費は賄えていましたが、以降は退職金を取り崩して補うしかありません。失業給付も出ましたが、再雇用後の収入に基づいて計算された額が支給されるので、わずかな金額でした。

結局、瀬戸さんは今、母親の介護を続けながら、経済的にも厳しい生活を送っています。そして、介護と仕事を両立する工夫はできなかったものか、後悔しているとのことです。

両親の有料老人ホーム入居で月30万円の出費が発生

また、介護サービスを利用する場合には、当然ながら資金が必要になります。これが問題になるケースも少なくありません。

関根正一さん（仮名・65歳）も、それで困っている1人です。

関根さんの父親は90代前半で認知症、母親は80代後半で身体介護が必要な状況になりました。そこで両親は、２人で特別養護老人ホームに入居しようと考えたのですが、入れる施設がなかったため、結局２人で入れる有料老人ホームに入居することになったのです。

ただ、ここで困ったのが費用の問題。入居費用は両親の資産で何とか払えたのですが、入居後にも月々の費用50万円が重くのしかかってくることに。２人の年金額は合計で13万円ほどでしたので、これを差し引いた月々37万円、年間で４４４万円が赤字となって積み重なってしまうのです。

結局、不足分は息子である正一さんが援助することになり、月々30万円を仕送りすることになりました。自身も年金生活に入った関根さんにとっては痛い出費です。

このように、介護というのは精神的・肉体的負担はもちろんですが、経済的負担も無視できません。介護費用は親自身の資産で賄える、という状況ならいいのですが、そうでなければ資金計画を念入りに立てることが必要です。介護費用については第３章で解説しますので、確認しておきましょう。

7 定年後の再就職での失敗

国家資格を取っても仕事が来ない

現代の60代70代の多くは、まだまだ健康で体力もあります。お金の不安におびえながら年金暮らしをするくらいなら、会社を定年退職した後も、これまでとは別の仕事をしてなるべく稼ぎ続けたいという人もいるのではないでしょうか。

その考えは立派ですし、私も定年後に働き続けること自体は大賛成です。ただし、甘く考えていると手ひどい失敗をすることもあります。

例えば、国家資格を取得しておき、定年後は独立開業し、できる限り長く仕事を続けたいと考える方は少なくありません。税理士や司法書士、行政書士、社会保険労務士など難しい国家資格があれば、誰でも食っていけるのでは……と。

私と一緒に社会保険労務士の資格を取得した相馬篤さん（仮名・63歳）も、そう考えていました。大企業の生産工場で総務部長まで勤めた方でしたが、在職中に一念発起して、社会保険労務士の資格取得のため一生懸命勉強し、見事2年目に合格。その後相馬さんは60歳で再雇用を選択せず、いきなり社会保険労務士として独立開業しました。

しかし、お客様がつきません。顧客獲得のためホームページを開設したり、チラシを作成してダイレクトメールで配布したりしたのですが、うまく行きませんでした。

資格は、ただ取得しているだけで収入が得られるものではありません。それを活かしてどのように収入を得るか、ビジネスセンスも重要なのです。

社風に合わず、数ヶ月で退職するはめに

また、これまでの職場での経験を活かして、定年後は別の会社に再就職をする人も増えてきています。ただし、こちらもそう甘くはありません。同じ業種や職種であれば必ず経験を活かせるとは限らないからです。

田中啓司さん（仮名・61歳）は、大企業の生産現場での仕事が長かったので、生産技術などの経験は豊富でした。そこで定年後、先輩から声をかけられ、あるメーカーの工場長の職に就いたそうです。年収は８００万円でした。

田中さんにとって中小企業の工場長としての仕事をするのは初めての体験だったので、とても新鮮な気持ちで仕事に打ち込んだのだそうです。しかし、半年も経たないうちに退職に追い込まれてしまいました。

なぜなら、再就職先の社長と田中さんの仕事の流儀が、まったく異なっていたからです。社長はたたき上げの職業人生を送っており、とにかく何でもチャレンジする人が好きでした。しかし田中さんは、効率を重視して、あまり新しいことにはトライしてきませんでした。社長の言い分はいつも同じでした。

「大企業のやり方はうちでは通じない」

再就職する際には、社風もよく見て、自分に合うかどうか確かめることも大切です。

職業訓練を受け再就職するも、身体が保たず

「定年後は自分の趣味を仕事にしてみたい」と考えている人もいるでしょう。確かに、好きなことをして収入を得られるのは理想です。

千田郁夫さん（仮名・63歳）も、そう考えた1人です。定年前は自宅の庭いじりが趣味で、休日のたびに季節の草花を楽しんでいました。我が家の庭だけでは飽き足らず、

近所の庭づくりや植木のせん定を請け負うことも。

そこで千田さんはこれを定年後の職業にしようと決め、会社には残らず、職業訓練校に通って基本から庭づくりを学びました。そして職業訓練を終了すると、植木屋さんに運よく就職できたのです。

そこまで良かったのですが、職についてしばらくは修行の身ということで、先輩がせん定した植木の枝をひたすら集める日々が続きました。これがまた、立ったり座ったりの連続で、きつい。とうとう体力が続かず、千田さんは1年足らずで身体をこわし、学んできたせん定の技術を活かす間もなく退職せざるを得なくなりました。

退職前の会社の仕事を続ける意思はなかったのですが、体力的には会社に残った方が良かったのかな、と千田さんは話していました。

定年後の働き方についてはまた第5章で触れますが、新しいことにチャレンジする場合にはその仕事内容をよく把握し、本当に長期間続けることができるのかをしっかりイメージしておくと良いでしょう。

8 退職金の運用での失敗

株に投資し1000万円の損！

退職金については先ほども触れましたが、それとはまた別の落とし穴もあります。それは、退職金の運用についてです。

退職一時金として多額のお金を受け取った場合、それを元手に投資をして、資産を少しでも増やしたいと考える方は多いでしょう。しかし、資産運用は正しい知識の下で行わないと、痛い目に遭うこともあるのです。

退職一時金として1800万円を受け取った後藤重俊さん（仮名・65歳）。彼もこの一時金を資産運用して、企業年金で受け取る以上の運用成果を上げようと考えました。

そこでまず、銀行や証券会社に相談に行ったところ、相談相手になった方々はとても親切で、投資の基礎から儲かる話まで丁寧に解説してくれたそうです。さらに株式投資に興味を持った後藤さんは、熱心に勉強会にも出席し、そこで出会った金融機関の投資アドバイザーに勧められるまま、いくつかの株に投資しました。

ところが、初めはそこそこ運用益が出ていたのですが、その後想定外に低迷し、結局１０００万円近くの損失を出してしまったのです。後藤さんは今、嘆いています。

「あれは体のいいオレオレ詐欺だよ。突然電話がかかってきて、この株を買えだの、この株を売れだの、言われるままにやっていたら、退職金が見る見るうちに減ってきちゃったよ」

親切に見えても、営業マンやセミナー講師たちも商売です。言われるがままに「儲かりそうだ」と乗ってしまうのは危険なのです。投資はあくまでも自己責任です。

退職金を元手に起業したものの失敗

また、投資という意味では、定年後に備えて資格を取得する自己投資や、開業に向けた投資をする場合も、その後の計画が甘いと損をしてしまいます。

津田敬一郎さん（仮名・65歳）は、定年後の不安を解消するため50代始めからファイナンシャル・プランナーの勉強を始め、短期間のうちにＣＦＰという上級ファイナンシャル・プランナーの資格を取得しました。さらに行政書士の資格も取得しました。

その一方で、当時、たまたま行きつけの喫茶店から、高齢を理由に閉店するので継いでくれないかとの誘いを受け、定年後は喫茶店の営業を継ぐことも決めていました。

そこで津田さんは、ＣＦＰの知識を活かして喫茶店の中に「ライフプラン相談室」を開業しようと考えたのです。お客様としては、住宅ローンを組んでマイホームを持ちたいという若夫婦から相続問題に悩む高齢者まで、幅広い対象を想定。お店にコーヒーを飲みに来るお客様の中からクライアントになる人が現れるだろうと考えていました。

しかし、いざ喫茶店を開業しても相談者は想定以上に少なく、開業して1年足らずで経営は行き詰まってしまったのです。開業に向けて使った退職金２００万円は、結局無駄遣いとなってしまいました。

退職金を元手に新たなことにチャレンジするのは素敵なことですが、何事にも現実的な計画を立てておくことが肝心です。

第2章

定年後のお金に関する制度を知っておこう

第1章で紹介したような様々な失敗に陥らないためにまず必要なのが、定年後のお金にまつわる各種制度の知識です。一度にすべて覚えるのは大変ですが、定年後の生活にいくつか選択肢がある場合、決める前に必ず確認してください。先に第3～4章を読み、ある程度イメージができてから本章に戻っていただいても構いません。

1 年金制度キホンのキ

サラリーマンは国民年金の第2号被保険者

定年後の収入として大きなものが、年金です。年金の受給額は人によって異なり、受給方法にもいくつかの選択肢があります。年金の受給額自体は「ねんきん定期便」を見れば分かりますが、その金額に間違いがないか確認するためにも、制度の概要を知っておく必要があります。基本を知ったうえで、受給の計画を立てるようにしましょう。

ここでは最初に、公的年金にはどんなものがあるのか、説明しておきます。

日本の公的年金制度は、大きく国民年金と厚生年金保険で成り立っています。日本に居住する20歳以上60歳未満の人は、国民年金に加入することが義務づけられています。国民年金の加入者は、次の3種類に分けられています。

- 第1号被保険者……厚生年金保険に加入していない20歳以上60歳未満の自営業・農業漁業従事者、学生など
- 第2号被保険者……厚生年金保険に加入している民間企業の会社員や団体職員、公務員など
- 第3号被保険者……第2号被保険者に扶養される20歳以上60歳未満の配偶者

サラリーマンは国民年金の第2号被保険者であり、サラリーマンによって扶養されている配偶者は第3号被保険者ということになります。

また、サラリーマンは厚生年金保険料を納めていれば、国民年金の保険料も納めたことになっています。

老後の暮らしを支えるのは老齢基礎年金と老齢厚生年金

一方、年金の給付については、老後の暮らしを支える「老齢年金」と、障害を持った場合にもらえる「障害年金」、加入者が亡くなった時に遺族が受け取る「遺族年金」の3種類があります。

このうち老齢年金には、「老齢基礎年金」と「老齢厚生年金」とがあります。

老齢基礎年金

老齢基礎年金は、国民年金から支給される老齢年金です。国民年金の保険料（令和5年度で月額1万6520円）を10年以上納めると、65歳から老齢基礎年金を受給することができます。ですので、サラリーマンの場合は原則10年以上働いていれば、老齢基礎年金を受給できます。

そして受給額は、保険料納付済月数によって計算されます。20歳から60歳までの40年間保険料を納めた場合には満額となり、20年間保険料を納めた場合にはその半分、10年間納めると4分の1の額になります。満額もらえる場合、その金額は次の通りです。

老齢基礎年金の受給額（満額）＝年間78万９００円×改定率

ここで改定率は、現役の勤労者の賃金や消費者物価等の変動に応じて決められます。令和5年度の改定率は1・018ですので、受給額は79万5000円となります。

老齢厚生年金

老齢厚生年金は、厚生年金保険から支給される老齢年金です。こちらの受給額の計算式は、次の通りとなります。

老齢厚生年金の受給額＝平均標準報酬（月）額×乗率×被保険者月数

ここで、平均標準報酬（月）額というのは、働いていた期間の標準報酬月額の平均額を指します。サラリーマンとして働いていれば、厚生年金保険の保険料として、標準報酬月額の９・15％が給与から天引きされています。

また、被保険者月数は、厚生年金保険に加入していた期間です。働いた期間がそのまま被保険者期間になります。

加給年金額と振替加算がもらえることも

さらに、老齢年金には加算額が加算されるケースもあります。

厚生年金保険の被保険者期間が20年以上ある人が老齢厚生年金を受けられるように

なった時に、65歳未満の配偶者がいる場合には「加給年金額」と「特別加算額」が加算されるのです。

金額は、令和５年度の場合、加給年金額が年額22万８７００円、特別加算額が年額16万８８００円、合計で年額39万７５００円となっています。

ただし、配偶者の年収が８５０万円以上あると、加給年金額は加算されません。

また、配偶者が65歳になると、加給年金額は振替加算に切り替わります。振替加算の額は、配偶者の生年月日によって表の通りになります。

病気やケガで障害年金がもらえることも

さて、老後の暮らしを支えるのは主に老齢年金ですが、先ほど説明したように、年金にはそれ以外にも障害年金と遺族年金があります。こちらについても念のため説明

▼振替加算の額（令和５年度年額）

生年月日	金額
大正15年4月2日～昭和2年4月1日	22万8100円
昭和2年4月2日～昭和35年4月1日	（省略）
昭和35年4月2日～昭和36年4月1日	2万1269円
昭和36年4月2日～昭和41年4月1日	1万5323円
昭和41年4月2日～	―

しておきましょう。

まず、障害年金についてです。

病気やけがにより日常生活が困難になったり、労働ができなくなったりすると、国民年金から「障害基礎年金」、厚生年金保険から「障害厚生年金」を受給できる場合があります。

受給要件

障害年金の受給要件は、それぞれ次の３条件をすべて満たすことです。

【障害基礎年金（国民年金）】

①国民年金被保険者期間中に初診日のある傷病で障害の状態にある
②障害認定日に１・２級の障害がある
③国民年金の保険料納付要件を満たしている

【障害厚生年金（厚生年金保険）】

①厚生年金保険被保険者期間中に初診日のある傷病で障害の状態にある
②障害認定日に1～3級の障害がある
③国民年金の障害基礎年金の保険料納付要件を満たしている

ここで、初診日とは「障害の原因となった病気やケガについて、初めて医師または歯科医師の診療を受けた日」を指します。

また、障害認定日とは「初診日から1年6ヵ月を経過した日」または「1年6ヵ月以内に症状が固定した日」のことです。

国民年金の保険料納付要件は「初診日の前日において初診日の属する月の前々月までに保険料の滞納が被保険者期間の3分の1を超えていないこと」または「初診日のある月の前々月までの1年間に保険料の未納がないこと」となっています。

受給金額

障害年金は、障害の程度、家族構成によって、受給額が異なります。障害等級はおおむね次のように決められています。

・障害等級１級……他人の介助を受けなければ日常生活がほとんどできないほどの障害の状態
・障害等級２級……必ずしも他人の助けを借りる必要はなくても、日常生活は極めて困難で、労働によって収入を得ることができないほどの障害
・障害等級３級……労働が著しい制限を受ける、または、労働に著しい制限を加えることを必要とするような状態

障害年金は、交通事故などで失明したり足を切断したりした場合に支給されるということはご存じの方が多いと思いますが、がんやうつ病になった場合にも支給されるケースがありますので、年金事務所や社会保険労務士などの専門家に相談していただくことをお薦めします。

遺族年金は誰がいくらもらえる？

遺族年金は、働いている人や老齢年金を受給している人が死亡した時、亡くなった人に生計を維持されていた人に支給される年金です。つまり、もしご自分が亡くなった時

に、後に残された家族の生活を支えてくれるのが、この遺族年金となります。

遺族年金にも、国民年金から支給される「遺族基礎年金」と、厚生年金保険から支給される「遺族厚生年金」があります。

遺族基礎年金の受給要件と受給者

遺族基礎年金が支給されるのは、次の3条件のいずれかを満たす人が亡くなった場合です。

①国民年金加入者
②国民年金に加入していた人で日本国内に住んでいる60歳以上65歳未満の人
③老齢基礎年金の受給権者または受給資格期間（25年以上）を満たしている人

また、遺族基礎年金をもらえるのは、亡くなった人に生計を維持されていた次の人となります。

①子
②子のある配偶者

なお、「生計を維持されていた」とは、収入が８５０万円未満であること、または所得が６５５万５０００円未満であることを指します。

また、子というのは「死亡当時18歳到達年度末までの子」または「20歳未満の障害等級１・２級の子」を指します。

遺族厚生年金の受給要件と受給者

一方、遺族厚生年金が支給されるのは、次の４条件のいずれかを満たす人が亡くなった場合です。

①厚生年金保険の加入者
②厚生年金保険の加入者であった人で、加入期間中の傷病により初診日から5年以内に死亡した人

③1・2級の障害厚生年金の受給権者
④老齢厚生年金の受給権者または受給資格期間（25年以上）を満たしている人

遺族厚生年金をもらえるのは、亡くなった人に生計を維持されていた以下の人となります。

①配偶者
②子、孫
③父母、祖父母

つまり25年以上働いた会社員が死亡した場合には、リタイア後でも配偶者には遺族厚生年金が終身支給されます。

ただし、「①配偶者」のうち夫、および「③父母、祖父母」については、加入者の死亡当時に受給者が55歳以上である必要があり、支給は60歳からとなります。

また「③子、孫」については、「死亡当時18歳到達年度末までの子」または「20歳未満の障害等級１・２級の子」となります。

遺族年金の受給額

遺族年金の受給額は、令和５年度で次のように計算されています。

・遺族基礎年金の受給額＝79万5000円＋子の加算
・遺族厚生年金の受給額＝死亡した人の老齢厚生年金の年金額×4分の3

子の加算は、２人目まで１人あたり年額22万8700円、３人目から１人あたり年額７万６２００円となります。

また、逆に子どもがいない場合には、遺族厚生年金に中高齢寡婦加算が加算されることもあります。中高齢寡婦加算とは、夫が死亡した時に子のない妻（夫の死亡後40歳に達した当時、子がいた妻も含む）に65歳まで加算されるもので、金額は令和５年度で59万６３００円となっています。

2

年金の受給開始時期は選べる

繰上げ受給や繰下げ受給もできる

老齢基礎年金も老齢厚生年金も、原則として65歳からもらえます。

ただし、希望すれば65歳より早くもらったり、遅くもらったりすることができます。65歳より早くもらうことを「繰上げ受給」と言い、遅くもらうことを「繰下げ受給」と言います。

つまり受給開始年齢は、自身のライフプランに合わせて60歳~75歳の間で選ぶことができるのです。なので「自分は長生きする可能性が高いので、受給開始を遅らせて毎月の額を高くしたい」という人もいますし、逆に「病気がちで短命の可能性が高いので、早めに年金をもらい始めたい」という人もいます。

ここで注意しておきたいのが、受給開始年齢によって受給率が変わるという点です。

▼繰上げ受給の受給率と損益分岐点

請求時年齢	受給率	損益分岐点
60歳０ヵ月	76%	80歳10ヵ月
61歳０ヵ月	80.８%	81歳10ヵ月
62歳０ヵ月	85.６%	82歳10ヵ月
63歳０ヵ月	90.４%	83歳10ヵ月
64歳０ヵ月	95.２%	84歳10ヵ月

▼繰下げ受給の受給率と損益分岐点

請求時年齢	受給率	損益分岐点
66歳０ヵ月	108.4%	77歳11ヵ月
67歳０ヵ月	116.8%	78歳11ヵ月
68歳０ヵ月	125.2%	79歳11ヵ月
69歳０ヵ月	133.6%	80歳11ヵ月
70歳０ヵ月	142.0%	81歳11ヵ月
71歳０ヵ月	150.4%	82歳11ヵ月
72歳０ヵ月	158.8%	83歳11ヵ月
73歳０ヵ月	167.2%	84歳11ヵ月
74歳０ヵ月	175.4%	85歳11ヵ月
75歳０ヵ月	184.0%	86歳11ヵ月

繰上げ受給では1ヵ月繰上げで0・4％減額され、繰下げ受給では1ヵ月繰下げで0・7％増額されます（表参照）。

繰上げ・繰下げは何歳で得になる？

ここで表中の「損益分岐点」について説明しておきましょう。

これは繰上げ受給の場合、受給総額が65歳受給者に追いつかれる年齢を指します。一方、繰下げ受給の場合、受給総額が65歳受給者を超える年齢を指します。

例えば仮に65歳から年金を受給すると、年額100万円もらえるとしましょう。

これを繰上げ受給で60歳から受給すると、年額76万円に減額されます。そうする

▼受給開始年齢による累計額

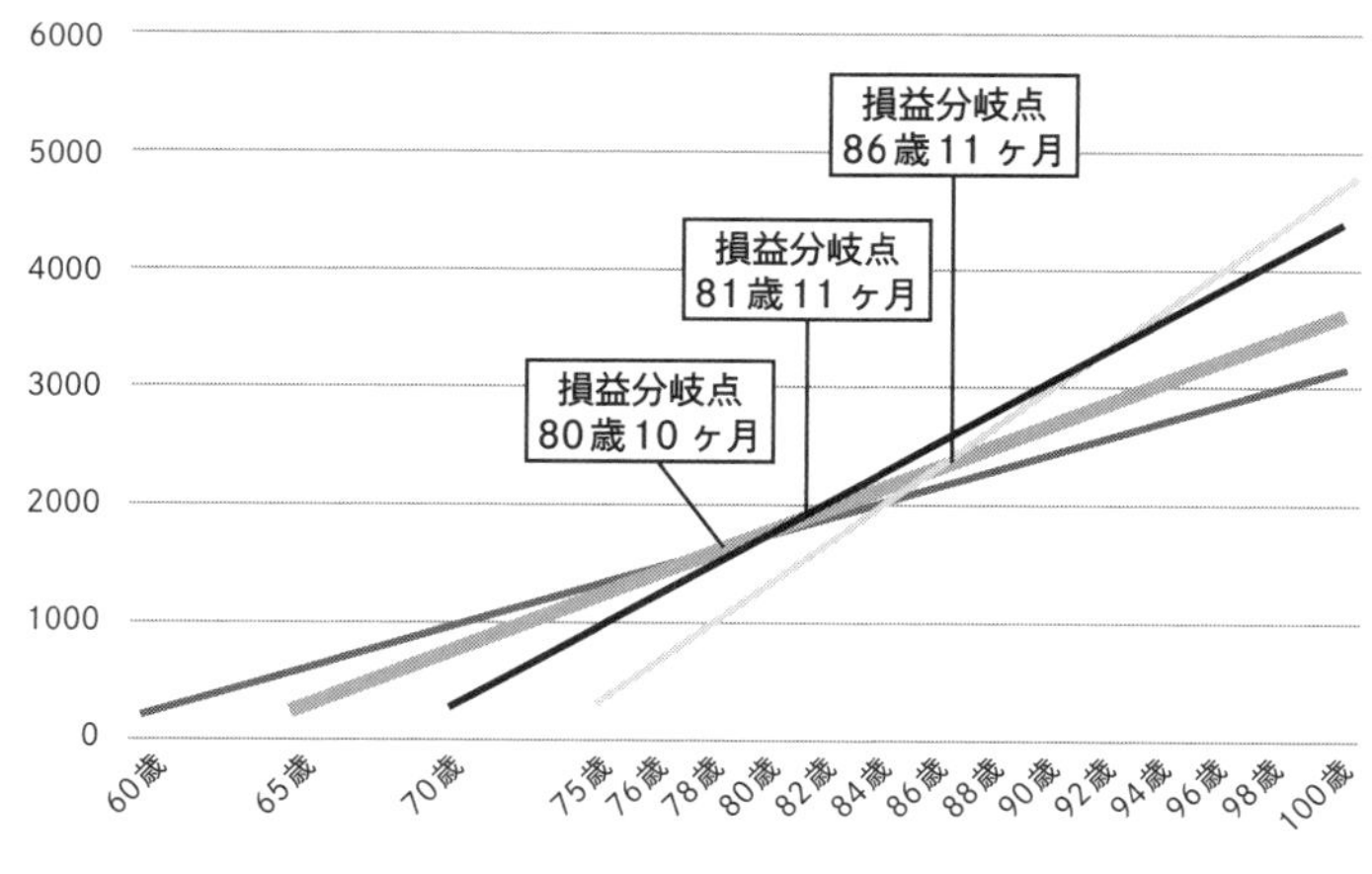

と、80歳10ヵ月の時点で、受給累計額が65歳からの受給累計額に追いつかれてしまうというわけです。つまり、損益分岐点とは「この年齢以上に長生きした場合は不利になる」という年齢を意味します。

逆に繰下げ受給の場合、70歳から受給すると年額１４２万円になり、81歳11ヵ月で累計額が65歳からの受給累計額を超えることになります。つまり、損益分岐点とは「この年齢以上に長生きする場合は有利になる」という年齢を意味します。

受給開始年齢を検討する際に、ぜひ参考にしてください。

繰上げ受給をする場合の注意点

繰上げ・繰下げ受給をした場合には、受給累計額以外にも注意すべき点があります。

まず、繰上げ受給の場合の注意点は、次の通りです。

①一生減額された年金を受けることになる
②受給権発生後に初診日がある時は、障害基礎年金が受けられない
③65歳前に遺族年金の受給権が発生した場合は、老齢基礎年金と遺族年金のどちら

かを選択することになる
④受給権者は、国民年金の任意加入被保険者になれない
⑤寡婦年金の受給権者が繰上げ請求すると、寡婦年金は失権する

繰上げ受給の場合、一度減額された金額は戻らず、請求後に裁定の取消しはできません。

また③については、老齢基礎年金を停止して遺族年金を選んだ方が有利なケースの方が多く見受けられます。ただし、65歳以降に老齢基礎年金の停止解除をした場合も、減額支給のままとなるため、デメリットは大きくなります。

繰下げ受給をする場合の注意点

次に、老齢年金を繰下げ受給した場合ですが、受給額が多くなった結果、所得税・住民税や社会保険料などの負担が増えることに注意が必要です。

65歳で受給した場合と70歳まで繰下げ受給した場合の所得税・住民税・介護保険・国民健康保険の負担額をそれぞれシミュレーションすると、表のようになります。繰下げ受給することにより、年間21・7万円負担額が大きくなることが分かります。

ただし、70歳まで繰下げ受給した場合には年金額が42％増えるので、所得税等の負担額が増えたとしても、84歳まで長生きすれば有利になります。

▼繰下げ受給しない場合とした場合の負担額

受給開始年齢	65歳（年金額200万円）	70歳（年金額284万円）
所得税	0	2.9万円
住民税	0	7.1万円
介護保険	5.2万円	8.9万円
国民健康保険	14.7万円	22.7万円
合計	**19.9万円**	**41.6万円**

差額
21.7
万円

3 定年後の働き方次第では年金が減額される

働きながらも年金は受給できるが……

最近は定年後、年金を受給しながら働く人も増えてきました。そのような場合に注意したいのが「年をとっても働いて勤労収入を得ている人は、年金の一部または全部が減額されることがある」ということです。

具体的には、年金を受給しながら会社等で働き厚生年金保険に加入している場合には、老齢厚生年金の額と給与や賞与の額に応じて、老齢厚生年金の一部または全額が支給停止になります。これを「在職老齢年金制度」と言います。

支給停止額は次の計算式の通りです。

支給停止額＝
（基本月額＋総報酬月額相当額−48万円）÷２
※基本月額＝老齢厚生年金の月額
※総報酬月額相当額＝その月の標準報酬月額＋
（その月以前１年間の標準賞与額の合計）÷12

例えば老齢厚生年金が１２０万円の場合で計算してみましょう。

基本月額は１２０万円÷12＝10万円となります。また報酬月額が30万円、賞与額が１２０万円だった場合、総報酬月額相当額は30万円＋１２０万円÷12＝40万円となります。すると、在職老齢年金による調整後の毎月の年金支給額は、基本月額10万円−（基本月額10万円＋総報酬月額相当額40万円−48万円）÷２＝９万円となります。

▼在職老齢年金の目安額

総報酬月額相当額＼基本月額	6万円	8万円	10万円	12万円	14万円	16万円
10万円	6万円	8万円	10万円	12万円	14万円	16万円
20万円	6万円	8万円	10万円	12万円	14万円	16万円
30万円	6万円	8万円	10万円	12万円	14万円	16万円
40万円	6万円	8万円	9万円	10万円	11万円	12万円
50万円	2万円	3万円	4万円	5万円	6万円	7万円

在職老齢年金の金額の目安については、次の表を参照してください。

減額されない働き方もある

在職老齢年金制度によって年金が減額されない働き方もあります。

まず、先ほどの計算式を見て分かる通り、「基本月額」と「総報酬月額相当額」の合計額が48万円以下であれば、老齢厚生年金は減額されません。

また、次の2条件のいずれかに当てはまる場合も、在職老齢年金制度の対象外となり、老齢厚生年金は減額されません。

①法人の厚生年金適用事業所に勤務し、週の労働時間が20時間未満（１００人以下（２０２４年10月以後は50人以下の事業所に改正）の事業所では、その事業所に勤務する従業員の労働時間の４分の３未満）の場合

②従業員が５人未満の個人事業所に勤務する場合（ただし弁護士等の個人事務所に勤務する人は在職老齢年金制度の対象）

加えて、次の点も覚えておいてください。

・在職老齢年金制度の対象であっても、老齢基礎年金は支給停止されない
・70歳以後は働いていても厚生年金保険の被保険者ではなくなるが、在職老齢年金制度は適用され、老齢厚生年金の一部または全額が支給停止される
・加給年金額は、老齢厚生年金が全額支給停止にならなければ支給される

4

定年退職でも失業給付をもらえる

再就職までの期間は基本手当がもらえる

失業給付の基本手当は、定年前に仕事がなくなった時にもらえるものと思っている人も多いですが、実はそれだけではありません。定年退職後でも条件に当てはまっていれば、受給が可能となります。

そもそもサラリーマンは1週間の所定労働時間が20時間以上で、31日以上雇用される見込みがある場合、雇用保険に加入することが義務づけられています。そして、1年以上雇用保険に加入して働いていた人が次の要件に該当すると、基本手当を受給することができます。

・離職している
・労働の意思および能力を有しているにもかかわらず職業に就くことができない状態にある
・離職日以前２年間に被保険者期間が通算して原則12月以上ある

つまり60～64歳で定年退職した後、再就職したいけれどまだ再就職先が決まっていないという場合にも、再就職までの期間に生活費として基本手当を受給することができるのです。

ただし、基本手当は先の要件にあるように「労働の意思および能力があるにもかかわらず失業している労働者に対し、生活の安定を図る意味で支給する手当」ですから、求職活動をしないと支給されません。

基本手当の金額は離職直前の賃金で決まる

基本手当は、次の手順で計算します。

①賃金日額を計算する

賃金日額とは、離職直前の６ヵ月間に支給された賃金の合計額を１８０で割った金額です。この賃金には、基本給のほか残業手当や通勤手当、家族手当、住宅手当を含みますが、賞与や臨時に支給されるものは含みません。

例えば離職直前の６ヵ月間の賃金が月額45万円であれば、45万円×６ヵ月÷１８０＝１万５０００円が賃金日額になります。

②基本手当日額を計算する

基本手当日額は、賃金日額の45〜80％です。給付率は、表のように決められています。

例えば賃金日額が１万５０００円であれば、給付率は45％となり、基本手当日額は６７５０円となります。

▼基本手当日額の給付率（60歳〜64歳）

賃金日額	給付率
2657円以上5030円未満	80%
5030円以上1万1120円未満	80%~45%
1万1120円以上1万5950円未満	45%
1万5950円以上	7177円（上限額）

③基本手当の総額を計算する

定年退職を含む65歳未満の一般の離職者は、被保険者であった期間に応じて、所定給付日数の基本手当を受給することができます。所定給付日数は表のように決められています。

例えば、37年間勤めた会社を退職して失業状態になると、基本手当日額の１５０日分を受給できます。基本手当日額が６７５０円なら、受給できる基本手当の総額は、１０１万２５００円になります。

この約１００万円の基本手当は一括で支給されるわけではなく、28日に１回ハローワークに通い、求職活動をしながら28日分ずつ受給することになります。

65歳以降の場合は高年齢求職者給付金になる

また、65歳以後も雇用され、その後離職した場合は基本手

▼所定給付日数

被保険者であった期間	所定給付日数
1年未満	なし
1年以上10年未満	90日
10年以上20年未満	120日
20年以上	150日

当ではなく「高年齢求職者給付金」が支給されます。

高年齢求職者給付金の給付日数は、雇用保険の被保険者期間によって異なります。被保険者期間が1年以上であれば50日分になりますが、1年未満であれば30日分になります。

このため、20年以上勤務して64歳までに離職すると基本手当が150日分支給されますが、65歳を過ぎて離職すると高年齢求職者給付金として50日分しか支給されなくなるので、注意が必要です。

コラム／65歳前に退職するか、65歳以後に退職するか？

本文で解説した通り、退職後に雇用保険から支給される失業給付の額は、65歳前と65歳以後では大きく異なります。

勤続年数20年以上の人が65歳前に離職すると、所定給付日数150日分の「基本手当」を受給することができます。離職直前の賃金日額が1万3000円であれば、受給総額は約90万円となります。

一方、勤続年数1年以上の人が65歳以後に離職した場合は、所定給付日数50日分の「高年齢求職者給付金」を受給することになります。

つまり、65歳前に離職する場合と65歳以後に離職する場合とでは、給付金に3倍もの差が付くのです。「年齢計算に関する法律」によれば、65歳として扱われるのは、65歳の誕生日の前日です。したがって、失業給付を多くもらいたい場合は、65歳の誕生日の「前々日」までに辞める方が有利ということになります。たった1日違いで3倍もの差が出ますので、退職時期については慎重に考えた方が良いかもしれません。

ただし、職場の上司や同僚から「できるだけ長く勤め続けてほしい」と言われているのに、失業給付のことだけを考えて自身の都合優先で65歳前に会社を辞めてしまうと、職場の期待を裏切ってしまうことになります。「立つ鳥跡を濁さず」の精神で、辞める時期は上司や同僚と相談することをお勧めします。

また、65歳以後に離職することは、デメリットばかりではありません。高年齢求職者給付金は要件さえ満たせば何度でも受給できるからです。週20時間以上勤務であれば雇用保険に加入できるので、1日7時間、週3日働き、6ヵ月以上働いていれば、離職した時に高年齢求職者給付金を受給できます。例えば「半年働き半年休み、また半年働く」というパターンで繰り返し高年齢求職者給付金を受給することもできます。

ただ、働くと言っても自営業などは該当しません。あくまでも雇われて雇用保険に加入する働き方であることが前提ですので注意してください。

5 再就職すれば高年齢雇用継続給付がもらえる

60歳から受給できる高年齢雇用継続給付

60歳以後に再雇用されるか再就職した場合には、一定の条件を満たせば雇用保険（ハローワーク）から「高年齢雇用継続給付」が支給されます。

高年齢雇用継続給付には、以下の２種類の給付金があります。

①高年齢雇用継続基本給付金

失業給付である基本手当を受給しないまま再雇用または再就職して、60歳時点に比べて、75％未満の賃金となっている場合に受給可能です。60～65歳の間に雇用されている期間に支給されます。

②高年齢再就職給付金

基本手当の所定給付日数を１００日以上残して60歳以後に再就職し、賃金が75％未満となっている場合に受給可能です。基本手当の支給残日数が２００日以上の場合は２年間、１００日以上の場合は１年間受給できます。

高年齢雇用継続給付の金額は賃金の低下率で決まる

高年齢雇用継続給付は２種類いずれも、60歳以後、賃金が大幅に下がって61％未満になった場合、賃金の15％が支給されます。

例えば60歳時点の賃金が40万円だった人が、以後20万円に低下した場合、20万円の15％、３万円が雇用保険（ハローワーク）から支給されることになります。給付額は２ヵ月に１回、２ヵ月分（６万円）となります。

賃金の低下率が61％を超えたとしても、75％まではその低下した割合に応じて賃金の数％が支給されます。

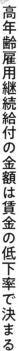

▼高年齢雇用継続給付支給率早見表

賃金の低下率	支給率
75.0% 以上	0.00%
74.5%	0.44%
74.0%	0.88%
73.5%	1.33%
73.0%	1.79%
72.5%	2.25%
72.0%	2.72%
71.5%	3.20%
71.0%	3.68%
70.5%	4.17%
70.0%	4.67%
69.5%	5.17%
69.0%	5.68%
68.5%	6.20%
68.0%	6.73%

賃金の低下率	支給率
67.5%	7.26%
67.0%	7.80%
66.5%	8.35%
66.0%	8.91%
65.5%	9.48%
65.0%	10.05%
64.5%	10.64%
64.0%	11.23%
63.5%	11.84%
63.0%	12.45%
62.5%	13.07%
62.0%	13.70%
61.5%	14.35%
61.0% 以下	15.00%

35万	30万	25万	20万	15万
0	0	0	0	0
0	0	0	0	0
0	0	0	0	0
0	0	0	0	0
0	0	0	0	0
0	0	0	0	0
0	0	0	0	0
0	0	0	0	0
0	0	0	0	0
1612	0	0	0	0
8175	0	0	0	0
1万4712	0	0	0	0
2万1252	0	0	0	0
2万7764	3278	0	0	0
3万1500	9807	0	0	0
3万	1万6340	0	0	0
2万8500	2万2876	0	0	0
2万7000	2万7000	4896	0	0
2万5500	2万5500	1万1441	0	0
2万4000	2万4000	1万7968	0	0

▼高年齢雇用継続給付支給額早見表（月額）（令和４年８月１日～）

60歳到達時等賃金月額（賃金日額×30日分）／60歳以降各月の賃金	47万3100円以上	45万	40万
35万	3150	0	0
34万	9690	0	0
33万	1万6236	4917	0
32万	2万2752	1万1456	0
31万	2万9295	1万7980	0
30万	3万5850	2万4510	0
29万	4万2369	3万1059	6525
28万	4万2000	3万7576	1万3076
27万	4万500	4万500	1万9602
26万	3万9000	3万9000	2万6130
25万	3万7500	3万7500	3万2675
24万	3万6000	3万6000	3万6000
23万	3万4500	3万4500	3万4500
22万	3万3000	3万3000	3万3000
21万	3万1500	3万1500	3万1500
20万	3万	3万	3万
19万	2万8500	2万8500	2万8500
18万	2万7000	2万7000	2万7000
17万	2万5500	2万5500	2万5500
16万	2万4000	2万4000	2万4000

※毎年８月１日に上記金額が変わる場合がある

6 退職金には税金がかかる

退職一時金は退職所得となり所得税がかかる

退職金は、一時金として定年退職時に一括して受け取る場合と、年金として毎年受け取る場合がありますが、それぞれ税金のかかり方が違います。

退職金を一時金でもらった場合は「退職所得」として税金がかかります。一方、退職金の一部または全部を年金でもらった場合には、公的年金とともに「雑所得」として税金がかかります（年金の税金について詳しくは後述します）。

退職一時金にかかる税金は、他の所得とは分離して源泉徴収されます（これを「源泉分離課税」と言います）。つまり給与と同様に源泉徴収されるので、自分で計算して税務署へ申告する必要はありません。

ただし、退職金を一時金で受け取るか年金で受け取るか選べる場合、どちらが有利かを判断するには、税額の計算方法も知っておくと良いでしょう。退職一時金にかかる所得税の計算手順は、次の通りです。

①退職所得控除額を計算する

退職所得控除額は、勤続年数によって計算方法が変わります。

・勤続年数20年以下……40万円×勤続年数（最低80万円）
・勤続年数20年超……８００万円＋70万円×（勤続年数－20年）

例えば勤続年数が38年なら、８００万円＋70万円×（38年－20年）＝２０６０万円となります。

②退職所得を計算する

退職所得の計算式は、次の通りです。

退職所得＝（退職一時金－退職所得控除額）×2分の1

例えば勤続年数が38年の人が2500万円の退職一時金を受け取った場合は、（2500万円－2060万円）×2分の1＝220万円となります。

③所得税額を計算する

所得税額の計算式は、次の通りです。

所得税額＝退職所得×税率－控除額

ここで税率と控除額は次の表を参考にしてくだ

▼所得税の税率・控除額

課税される所得金額	税率	控除額
1000円から194万9000円まで	5%	0円
195万円から329万9000円まで	10%	9万7500円
330万円から694万9000円まで	20%	42万7500円
695万円から899万9000円まで	23%	63万6000円
900万円から1799万9000円まで	33%	153万6000円
1800万円から3999万9000円まで	40%	279万6000円
4000万円以上	45%	479万6000円

さい。例えば退職所得が２２０万円の場合は、２２０万円×10%－９万７５００円＝12万２５００円となります。

また、令和19年までは「復興特別所得税」も納付することとなります。こちらの税額は、原則としてその年分の基準所得税額の２・１%です。例えば所得税額が12万２５００円なら、復興特別所得税を含めた所得税額は12万２５００円×１・０２１＝12万５０７３円となります。

退職一時金には住民税もかかる

退職一時金には、住民税もかかります。住民税の税率（所得割）は、都道府県民税（標準税額）が４%、市町村民税（標準税額）が６%です。

例えば退職所得が２２０万円の場合には、２２０万円×10%＝22万円となります。

以上のように所得税・住民税を計算していくのですが、例えば勤続年数38年の場合、退職所得控除額が２０６０万円になるので、退職一時金が２０００万円だとすると所得税も住民税もかかりません。このように大きな控除が得られるのが、退職金を一時金として受け取る場合のメリットです。

7 年金にも税金がかかる

公的年金収入にかかる所得税

定年後に受け取る老齢年金にも、税金はかかります（ただし同じ年金でも、障害年金や遺族年金には課税されません）。

こちらも基本的には源泉徴収されるので、税額の計算方法まで知っておく必要はないと思いますが、老後の生活プランを立てるうえで「年金の支給額（額面）がそのまま手取り額になるわけではない」という点には注意しておいてください。

少し詳しく解説しておくと、そもそも年金は、大きくは次の2種類に分けられます。

・公的年金……国民年金（老齢基礎年金）、厚生年金（老齢厚生年金）など
・私的年金……企業年金（退職金の年金給付、厚生年金基金、確定給付企業年金、企業型確定拠出年金）、個人型確定拠出年金（iDeCo）、個人年金保険

このいずれも雑所得として所得税・住民税が課税されます。

ただし、このうち公的年金および企業年金、iDeCoについては「公的年金等」と呼ばれ、「公的年金等控除」の対象になります。この対象となる年金収入については、合算した収入金額に応じて、表の通りの控除が受けられます。

例えば65歳から公的年金２００万円、企業年金50万円、合計２５０万円を受け取る場合だと、公的年金等控除額は１１０万円ですから、２５０万円－１１０万円＝１４０万円のみが「公的年金等にかかわる雑所得」になるわけです。

なお、個人年金保険など公的年金等以外の年金については、公的年金等控除の対象外となり、収入から必要経費を除いた金額がそのまま雑所得となりますので、注意してください。

▼公的年金等控除額（65歳未満）

公的年金等の収入金額	公的年金等控除額
130万円以下	60万円
130万円超~410万円以下	収入金額×25%+27.5万円
410万円超~770万円以下	収入金額×15%+68.5万円
770万円超~1000万円以下	収入金額×5%+145.5万円
1000万円超	195.5万円

▼公的年金等控除額（65歳以上）

公的年金等の収入金額	公的年金等控除額
330万円以下	110万円
330万円超~410万円以下	収入金額×25%+27.5万円
410万円超~770万円以下	収入金額×15%+68.5万円
770万円超~1000万円以下	収入金額×5%+145.5万円
1000万円超	195.5万円

公的年金の受給で確定申告が必要になることも

先ほども説明したように、公的年金等は源泉徴収されているため、原則として確定申告は不要です。ただし、次の条件のいずれかに当てはまる場合は、確定申告が必要になります。

①公的年金等の収入金額が４００万円を超える場合
②公的年金等にかかわる雑所得以外の所得金額が20万円を超える場合

②の「公的年金等にかかわる雑所得以外の所得」というのは、個人年金保険による雑所得や、給与所得などを指します。つまり、働きながら公的年金等を受給している場合、確定申告は原則必要となります。

また、次の場合は確定申告を行うと税金が還付されます。

・源泉徴収された税額とその年に納付すべき税額との差額について、還付を受けたい場合
・社会保険料、生命保険料、損害保険料、医療費控除などの所得控除を受けたい場合

還付されるケースに当てはまっていたら、忘れずに申告しましょう。

コラム／所得税と住民税の計算方法

年金にはどのくらいの税金がかかるのか、本文では具体的な金額について触れなかったので、気になっている方もいらっしゃるでしょう。実は年金は退職一時金とは違い、分離課税ではなく総合課税（その他の所得と合算して税額を決める方法）です。そのため年金以外の所得の状況によって、一概に「年金にかかる税金はこの金額」と決めることはできません。ただ、確定申告をする場合など、総合課税の所得税の計算方法を知っておくと便利ですので、参考までに概要を説明しておきま

しょう（詳しくは税務署にお問い合わせください）。

①所得金額を計算する

まず、その年（申告前年の1月1日～12月31日）に得たすべての「所得」の金額を合算します。所得というのは、簡単に言えば「収入から必要経費を差し引いたもの」で、給与所得や事業所得、雑所得など、収入の性格に応じて10種類に分類されています。

なお、所得の種類によっては必要経費の代わりに、その所得に応じた控除額を差し引いて計算します。例えばサラリーマンの給与収入（給与所得）なら収入金額に応じた「給与所得控除」、公的年金等の収入（雑所得）であれば本文でも説明したように「公的年金等控除額」が差し引けるわけです。

ですので、例えば65歳から公的年金２００万円、企業年金50万円を受け取り、このほかに収入がなければ、合計収入２５０万円から公的年金等控除額１１０万円を差し引いた１４０万円が所得金額となります。

②課税所得金額を計算する

次に「課税所得金額」を計算します。課税所得金額とは、先ほど求めた所得の合計金額から「所得控除」を差し引いたものです。

所得控除とは、特定の条件に当てはまった場合に所得から差し引ける控除のことです。例えば、合計所得金額に応じて一定の金額を差し引ける「基礎控除」、一定条件に当てはまる配偶者がいる場合に適用できる「配偶者控除」「配偶者特別控除」、支払った社会保険料（健康保険料や介護保険料など）の金額に応じて控除できる「社会保険料控除」など、全部で15種類の所得控除があります。

例えば所得金額が１４０万円として、基礎控除48万円、配偶者控除38万円、社会保険料控除25万円が適用できるとすると、課税所得金額は１４０万円－（48万円＋38万円＋25万円）＝29万円になります。

③所得税額を計算する

最後に、所得税額を計算します。所得税額の計算式は、退職一時金の所得税額の計算と同様に「課税所得金額×所得税率－控除額」です。

例えば課税所得金額が29万円の場合、所得税額は29万円×５％－０円＝１万４５００円となるわけです。また令和19年までは所得税額の２・１％の復興特別所得税も併せて納付することになりますので、実際には１万４５００円×１０２・１％＝１万４８０５円が納付金額になります。

なお、住民税の税額の計算方法も、所得税とほぼ同様です。厳密には各種控除額が多少違ったり、都道府県によって税率が異なったりしますが、所得税の申告をすれば自動的に住民税額も計算されるので、自分で計算する機会はないでしょう。金額の目安としては、だいたい課税所得金額の10％程度となります。

8

定年後にも健康保険料や介護保険料がかかる

定年後も何らかの公的医療保険に加入しなければならない

サラリーマンの場合、会社に勤務しているうちは被用者保険（その会社の健康保険組合や協会けんぽなど、勤労者が加入する公的医療保険）に加入しており、その保険料は給与から天引きされています。

では、会社を退職した後にはどうなるのでしょうか？

結論から言うと、日本では国民皆保険制度を導入しているので、退職後も何らかの公的医療保険に加入することになります。だからこそ退職後も低負担で保険医療を受けられるわけですが、保険に加入するということは、つまりその保険料を支払う必要があるということです。

これをうっかり忘れていて、意外な出費に泣く人もいるので、注意しておきましょう。

定年後に加入する公的医療保険の3つの選択肢

ここで「何らかの公的医療保険」と言いましたが、具体的には次の3つの選択肢があります。

①退職時まで加入していた被用者保険の任意継続被保険者になる
②国民健康保険の被保険者になる
③家族の被扶養者になる

このいずれを選んだ場合でも医療を受けた場合の自己負担割合は、70歳未満であれば原則3割、70～74歳では原則2割（現役並みの所得者は3割）です。また、いずれの場合も最長で75歳までしか加入できず、75歳以降はすべての人が「後期高齢者医療制度」に加入することになります。

ただし、それ以外の部分では多少の差がありますので、その点を考慮して選ぶことになります。以下にそれぞれの特徴を説明しましょう。

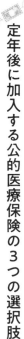

①任意継続被保険者になる

サラリーマンとして退職時まで被用者保険に加入していた場合、退職後もその被用者保険に最長2年間「任意継続被保険者」として加入することができます。

任意継続被保険者になるためには、次の2つの要件を満たす必要があります。

- ・退職する前日までに被保険者期間が継続して2ヵ月以上あること
- ・退職後20日以内に加入の手続きを行うこと

任意継続被保険者になると、収入など一定の要件を満たした家族を「被扶養者」にできるメリットがあります。また大企業の健康保険組合の中には「付加給付」と言って、高額療養費の自己負担上限額が2～3万円に設定されているケースもあります。

保険料については、健康保険組合によって保険料率が異なりますので、加入する健康保険組合に問い合わせる必要があります。参考までに、協会けんぽの任意継続被保険者の保険料は次のように計算されます（令和5年度）。

（退職時の標準報酬月額または30万円のうち低い方）×９・33％～10・29％（地域によって料率が異なる）

仮に退職時の標準報酬月額が41万円、料率が10％であれば、保険料は30万円×10％＝３万円（月額）になります。

②国民健康保険に加入する

そもそも国民健康保険は、他の公的医療保険に加入していない人を対象にした制度です。例えば自営業者も国民健康保険に加入しています。

厳密には国民健康保険には都道府県や市区町村が運営している「市町村国保」と、業種ごとに組織される「国民健康保険組合」がありますが、定年退職後に加入する場合は原則として市町村国保に加入することになるでしょう。その場合、お住まいの市区町村の国民健康保険の窓口で手続きを行います。

国民健康保険への加入には、次の２つの要件を満たす必要があります。

・日本国内に住所を有し、他の公的医療保険に加入していないこと
・退職後14日以内に加入の手続きを行うこと

国民健康保険は、家族を被扶養者にすることはできません。

保険料については、前年の世帯の所得により計算される「所得割」、家族の人数により計算される「均等割」、世帯ごとに計算される「平等割」、所有する不動産により計算される「資産割」、といった方法を組み合わせて計算されます。

市区町村によって計算方法が異なりますので、具体的な金額は市区町村に問い合わせましょう。

③家族の被扶養者になる

60歳以上の場合は年収180万円未満であれば、家族（例えば現役サラリーマンである子どもなど）が加入している被用者保険の被扶養者になることができます。

その場合、退職後5日以内に手続きする必要があります。

家族の被扶養者になれば保険料負担がないのでメリットは大です。

何がベストかは退職時の給与などで決める

このように複数の選択肢があると、「この中で何がベストなのか」と迷う人も多いでしょう。

ここまでの説明で分かる通り、それぞれの家族の事情によって、あるいは会社員時代に加入していた公的医療保険制度や、退職時の給与によっても「何がベストか」は異なります。そのため厳密には、個人の事情を総合的に勘案して決める必要があります。

ただ、あえて非常にざっくり言うなら、退職時におおむね高収入だった人は、退職後1年目は任意継続被保険者、２年目以降は国民健康保険に加入すると、保険料負担が軽くなる可能性があります。逆に高収入でなかった人は、退職後1年目から国民健康保険に加入すると、保険料負担が軽くなる可能性があります。

面倒でなければ、退職直前に加入していた健康保険組合または協会けんぽに連絡して、任意継続被保険者になった場合どのくらいの保険料負担になるのか聞いてみましょう。同時に、地元の役所に連絡をして、国民健康保険に加入した場合の負担についても聞いていただくと比較ができ、公的医療保険の選択がしやすくなるはずです。

75歳以降はすべての人が後期高齢者医療制度に

なお、先述したように、どの選択肢を選んだにしても75歳以降はすべての人が「後期高齢者医療制度」に加入することになります。これは、都道府県ごとに設置された後期高齢者医療広域連合が運営する公的医療保険です。

後期高齢者医療制度の加入者が医療を受けた場合の自己負担割合は、原則１割（ただし一定以上所得者は２割、現役並み所得者は３割）となります。

保険料は、被保険者全員が負担する「均等割」と、所得に応じて負担する「所得割」の合計となります。具体的な金額は都道府県によって異なりますが、令和４・５年度の全国平均では均等割が４万７７７７円、所得割が前年所得金額の９・34％となっています。また、世帯の所得が一定以下の場合には均等割が軽減されます。

手続きは各市区町村の後期高齢者医療制度担当窓口で行いますので、詳細はそちらに問い合わせましょう。

介護保険料も忘れずに

また、健康保険と共に忘れてはいけないのが介護保険です。

介護保険の保険料は、会社に勤務しているうちは40歳以降、被用者保険の保険料と共に給与から天引きされますが、退職後には健康保険料とは別に、自分で市区町村に支払う必要があります（ただし原則として年金から天引きされます）。

制度を運営しているのは市区町村ですので、これも具体的な金額は市区町村によって異なりますが、原則として所得などの状況に応じて決められています。参考までに東京都H市の介護保険料は表のようになっています。

▼東京都H市の介護保険料

段階	所得などの状況	保険料
第1段階	生活保護受給者等 世帯全員住民税非課税（本人が老齢福祉年金受給者） 世帯全員住民税非課税（本人の課税年金収入額とその他の合計所得金額等を合わせて80万円以下）	1万7700円
第2段階	世帯全員住民税非課税（本人の課税年金収入額とその他の合計所得金額等を合わせて120万円以下）	2万7700円
第3段階	世帯全員住民税非課税（本人の課税年金収入額とその他の合計所得金額等を合わせて120万円超）	4万6000円
第4段階	本人が住民税非課税で世帯が住民税課税（本人の課税年金収入額とその他の合計所得金額等を合わせて80万円以下）	5万6600円
第5段階	本人が住民税非課税で世帯が住民税課税（本人の課税年金収入額とその他の合計所得金額等を合わせて80万円超）	7万800円
第6段階	本人が住民税課税（本人の合計所得金額が125万円未満）	7万6400円
第7段階	本人が住民税課税（本人の合計所得金額が125万円以上250万円未満）	8万9200円
第8段階	本人が住民税課税（本人の合計所得金額が250万円以上375万円未満）	9万1300円
第9段階	本人が住民税課税（本人の合計所得金額が375万円以上500万円未満）	11万1100円
第10段階	本人が住民税課税（本人の合計所得金額が500万円以上625万円未満）	11万4600円
第11段階	本人が住民税課税（本人の合計所得金額が625万円以上750万円未満）	13万2800円

※前年の合計所得金額等が750万円以上は省略

コラム／国民健康保険の保険料の計算方法

本文で説明したように、国民健康保険に加入した場合の保険料は、市区町村によって計算方法が異なります。したがって、具体的な金額は市区町村に問い合わせるのが確実なのですが、参考までに計算方法の一例（東京都Ｈ市の場合）を紹介しておきましょう。

国民健康保険の保険料は「所得割」「均等割」「平等割」「資産割」といった方法を組み合わせて計算されますが、東京都Ｈ市の場合は、所得割の率と均等割の額を表のように定めています（Ｈ市では「平等割」「資産割」はありません）。この表にあるように、保険料は「医療分＋後期高齢者支援分＋介護分」の合計となります。

例えば東京都Ｈ市在住で、65歳からの公的年金等が２５０万円、妻の65歳からの公的年金が１００万円だった場合、国民健康保険料は次の手順で計算できます。

①算定基礎額を計算する

公的年金等の収入から公的年金等控除額および基礎控除額を控除して計算します。公的年金収入が３３０万円未満であれば、公的年金等控除額は１１０万円なので、次のように計算できます。

夫の算定基礎額＝２５０万円－公的年金等控除１１0万円－基礎控除43万＝97万円
妻の算定基礎額＝１００万円－公的年金等控除１１0万円－基礎控除43万円＜0

②国民健康保険料を計算

国民健康保険料は、医療分と後期高齢者支援分について、算定基礎額から計算した所得割と均等割を合算して次のように計算します（介護分は40歳以上65歳未満の人

▼国民健康保険の保険料の内訳（東京都Ｈ市の場合）

	所得割率	均等割額	上限額
医療分	5.52%	3万4700円	65万円
後期高齢者支援分	2.15%	1万2900円	20万円
介護分	1.88%	1万4400円	17万円

※「介護分」は、40歳以上65歳未満の人が該当

が該当のため、このケースでは計算から除外します）。

【医療分】
所得割＝97万円×５・52％＝５万３５００円
均等割＝３万４７００円×２人＝６万９４００円
↓ただし特例により50％軽減が適用されるので均等割は３万４７００円
合計＝５万３５００円＋３万４７００円＝８万８２００円
【後期高齢者支援分】
所得割＝97万円×２・15％＝２万８００円
均等割＝１万２９００円×２人＝２万５８００円
↓ただし特例により50％軽減が適用されるので均等割は１万２９００円
合計＝２万８００円＋１万２９００円＝３万３７００円

この医療分と後期高齢者支援分を合計すると、保険料は12万１９００円となります。

9 定年後でも働けば社会保険料が天引きされる

パート・アルバイトでも社会保険に加入する場合がある

定年後、パートやアルバイトで収入を得たいと考えている方もいるかと思います。その場合でも正社員と同様に、厚生年金保険、健康保険、介護保険、雇用保険といった社会保険に加入し、保険料を納める義務が発生することがあります（その他に当然、給与所得として所得税もかかります）。

これらは給与から源泉徴収されるので詳しく計算方法を知る必要はありませんが、ざっくり言うと社会保険に加入した場合、社会保険料としてトータルで給料の約15％ほどが天引きされることになります。「せっかく働いたのに思ったより手取りが少なかった」ということにならないよう、基本的な仕組みを知っておくと良いでしょう。

具体的には、働き方が以下の要件に当てはまる場合、その人は社会保険に加入しなければなりません。

・１週間あたりの決まった労働時間が20時間以上であること
・１ヵ月あたりの決まった賃金が８万８０００円以上であること
・雇用期間の見込みが２ヵ月年以上であること
・学生でないこと
・従業員数１０１人以上の企業で働いていること（２０２４年10月以後は、51人以上の企業に改正）

また、雇用形態によって加入義務の有無が異なりますので、表で確認してください。

▼雇用形態による社会保険の加入義務

<table>
<tr><th colspan="2">雇用形態</th><th>雇用保険</th><th>健康保険</th><th>厚生年金</th></tr>
<tr><td colspan="2">一般社員
（フルタイム）</td><td>加入</td><td>加入</td><td>加入</td></tr>
<tr><td colspan="2">正社員の4分の3以上勤務の短時間労働者</td><td>加入</td><td>加入</td><td>加入</td></tr>
<tr><td rowspan="2">正社員の4分の3未満勤務の短時間労働者（20時間以上の勤務）</td><td>101人以上の企業（※1）</td><td>加入</td><td>加入</td><td>加入</td></tr>
<tr><td>100人以下の企業</td><td>加入</td><td>加入せず
（※2）</td><td>加入せず
（※2）</td></tr>
<tr><td colspan="2">週20時間未満勤務の短時間労働者</td><td>加入せず</td><td>加入せず</td><td>加入せず</td></tr>
</table>

※1　2024年10月以後は「51人以上の企業」に改正
※2　労使合意があれば加入可能

社会保険加入にはメリットもある

社会保険に加入すると保険料を納めなければなりませんが、保険料を納めた分、メリットもたくさんあります。

社会保険に加入するメリットとデメリットは、次の通りです。

【社会保険に加入するメリット】
①保険料は、会社と折半できる
②厚生年金加入期間分年金額が増える
③60歳未満の被扶養配偶者がいる場合、被保険者が65歳になるまでは、配偶者は国民年金の第3号被保険者になり、国民年金の保険料負担なし

【社会保険に加入するデメリット】
①本人が受給中の年金が在職老齢年金になり、減額・停止もある
②厚生年金・健康保険の保険料が徴収される

一方で、社会保険に加入しない場合のメリットとデメリットもあります。

【社会保険に加入しないメリット】
①給与所得があっても、年金が全額支給される
②家族の健康保険の被扶養に入れる場合がある（年収・生計維持条件あり）

【社会保険に加入しないデメリット】
①老齢厚生年金の年金額は増えない
②60歳未満の本人および被扶養配偶者は、それぞれ60歳までは、国民年金保険料を納付する必要がある
③健康保険の任意継続か国民健康保険に加入することになる

働き方を検討する際の参考にしてください。

第3章

定年後の支出を確認しよう

定年後に向けてどのような準備が必要かを考えるには、まず、定年後にどのような支出があるか考えておかなくてはなりません。本章では、定年後の主な支出を8項目に分け、それぞれ見積もりのポイントを解説していきます。項目ごとに「定年後の支出予想シート」を用意しましたので、分かる範囲で計算して書き込んでいきましょう。

1 基本生活費を把握しよう

消費支出は家計調査報告を参考に分類

定年後の生活に向けてどれくらいの資産があればいいのかを考えるためには、定年後の生活費を予想しておく必要があります。

あなたは今、自分の家庭の生活費が毎月どのくらいかかっているか即答できるでしょうか？　パッと答えられる人は少数派でしょう。家計は配偶者に任せっきりでまったく把握していない、という人も多いと思います。そういう方は、これを機会に一度、ご自分の家庭の生活費を調べてみてください。

ここで参考にしたいのが、総務省統計局が毎月発表している「家計調査報告」です。これは家計の収入・支出、貯蓄・負債などを調査したもので、消費支出（日常の生活を営むにあたって必要な商品やサービスに支払った金額のこと）については「食料」「住居」「光熱・水道」「家具・家事用品」「被服および履物」「保健医療」「交通・通信」「教育」「教養娯楽」「その他の消費支出」の10大支出に分類しています。

そこで本書でも、この分類に従って支出を見える化していきたいと思います。

現在かかっている基本生活費を調べてみる

ここではまず、「基本生活費」として以下の費目について調べてみてください。

コツは、「あまり厳密になりすぎない」ということです。普段から家計簿を付けている方なら細かい支出まですべて分かるでしょうが、そうでなければざっくりした金額でも構いません。完璧を目指すあまり途中で挫折してしまうより、多少不正確でも具体的な金額を把握する方が大切です。

①食料

その名の通り、日々の食事に関する費用を指します。

これについては、スーパーマーケットのレシートを集めて、食料品にかかわる費用を足していけば算出できます。できれば月ごとの変動をならすため、過去６ヵ月分について集計して平均月額を計算していただくと良いでしょう。面倒に感じるとは思いますが、家計簿スマホアプリを使えばレシートを撮影するだけで簡単に計算することもできますので、ぜひトライしてみてください。

また、外食の費用もここに含まれますので、忘れずに加えておいてください。

②光熱・水道

いわゆる「水道光熱費」です。電気代、ガス代、上下水道代などを指します。

こちらは電力会社やガス会社、水道事業者が発行する領収書を集めれば月額は簡単に分かります。ただし、季節による変動が大きい費用ですので、できれば1年分（難しいようであれば6ヵ月分）の平均を出すといいでしょう。

③被服および履物

服や靴など身に着けるものにかかる費用を指します。衣食住の「衣」についての支出はすべてここに含めてください。

あまり毎月買うものでもないですので、例えば6ヵ月分の合計費用を6で割るなどして、1ヵ月あたりの費用を出してみるといいでしょう。

④交通・通信

交通費は電車代やバス代、タクシー代などを指します。自家用車をお持ちの場合は、その関連費（ガソリン代や駐車場代、自動車税、保険料など）もここに含めます。

通信費は電話代などです。インターネットに関する費用も、忘れずに含めておきましょう。

⑤家具・家事用品

家具や家電のほか、洗剤やトイレットペーパーなど日用品の購入費もここに含めます。

家具や家電は毎月買うものではないので、例えば「テレビは何年で買い換える」「冷蔵庫は何年で買い換える」と想定して、購入予算をその想定利用期間で割ることで、1ヵ月あたりの費用を算出するといいでしょう。

⑥その他消費支出

他の費目には入らない支出は、とりあえずすべてここに入れておきましょう。もっとも、ここの金額があまりに多いと家計の実態が見えにくくなってしまいますので、なるべく他の費目に分類してください。

なお、参考までに、65歳以上の夫婦のみ無職世帯と単身無職世帯の、基本生活費の平均月額を紹介しておきます。ただし、この数字はあくまでも平均額であり、住んでいる地域や生活スタイル、その年の社会事情などによって変わります。そのため、参考程度に留め、ご自身の場合はいくらになるか具体的に考えてみてください。

▼基本生活費の平均月額

	65歳以上の夫婦のみ無職世帯	65歳以上の単身無職世帯
食料	6万7776円	3万7485円
光熱・水道	2万2611円	1万4704円
被服および履物	5003円	3150円
交通・通信	2万8878円	1万4625円
家具・家事用品	1万371円	5956円
その他消費支出	4万9430円	3万1872円
合計	**18万4069円**	**10万7792円**

※総務省統計局「家計調査報告」2022年から抜粋

生活スタイルの変化を考慮しつつ定年後の費用を見積もろう

さて、無事に今現在の毎月の基本生活費が分かったら、それを元に定年後の基本生活費を予想して、図の「定年後の支出予想シート①」に書き込んでみてください。

予想と言っても、基本的には今現在の金額と同額と考えれば問題ないでしょう。

ただし、定年前後で生活スタイルが変わると予想される部分については、それを反映させてみてください。例えば外食の費用などは、定年後は減る可能性があるかもしれません。また、定年を機に家族が３人から夫婦２人だけになることが見込まれる場合には、多くの費用が３分の２に減ると考えて良いと思います。

そして、見積もった定年後の毎月の基本生活費を合計したら、それが25年分でいくらになるかも計算してみてください。25年分というのは65歳～90歳の25年間を想定しています。つまり、これが定年後に必要になる基本生活費の総額というわけです。

例えば毎月の基本生活費が18万円だったとすると、１年間では18万円×12ヵ月＝２１６万円となり、25年間では２１６万円×25年＝５４００万円がかかることになります。

定年後の支出予想シート①基本生活費

食料(月額)		円
光熱・水道(月額)		円
被服および履物(月額)		円
交通・通信(月額)		円
家具・家事用品(月額)		円
その他消費支出(月額)		円
合計(月額)		円
	×12ヵ月	
年額		円
	×25年	
65歳〜90歳に必要な総額		円

2 住居関係費用を把握しよう

家計調査は家賃がかからない人も含めた平均値

次は、住居費の見積もりです。総務省統計局の家計調査報告（2022年）によると、「住居」の平均月額は高齢夫婦無職世帯で1万5578円、高齢単身無職世帯では1万2746円となっています。

この金額を見て「1万5000円くらいではアパートにも住めないのでは？」と疑問を持たれた方もいらっしゃるかもしれませんね。当然、この額は賃貸物件の家賃の平均ではありません。

実は、調査対象者（夫婦世帯1500人余り、単身世帯1800人余り）になった方々のうち、93％が持ち家に住んでおり、その方々は家賃を支払っていません。家賃を払っている人はわずか7％ですが、全員の平均値を取っているため1万円台という数字になっているのです（ただし、この金額には家賃だけでなく持ち家の設備修繕費なども含まれています）。

老後２０００万円問題は「家計調査における平均月額の収支がマイナス５・５万円だった」ということを根拠としていましたが、その根拠たる平均月額がこのように算出されているわけですから、万人に当てはまるはずがありませんね。「自分の場合はどうか」をしっかり確認しておくことが、いかに大切かが分かります。

住居の種類に応じて費用を見積もろう

したがって、住居関係の費用を見積もる場合は、住居の種類に応じて次の３つのケースに分けて考えるといいでしょう。

①持ち家（一戸建て）

持ち家がある方は、家賃は必要ありません。
ただし、ご存じのように毎年、税金がかかります（固定資産税と、

▼住居関係費用の平均月額

	65歳以上の夫婦のみ無職世帯	65歳以上の単身無職世帯
住居	1万5578円	1万2746円

※総務省統計局「家計調査報告」2022年から抜粋

エリアによっては都市計画税）。さらに、火災保険や地震保険など家財に対する保険に加入している場合には、その保険料もかかります（例えば建物が東京にあり、新築評価額が２６００万円、契約期間が1年間、建物面積１２０㎡、木造戸建て築20年の場合だと、７万円～９万円が火災保険と地震保険の年間保険料になります）。

また、忘れてはいけないのが、修繕費やリフォーム費用です。築年数が古くなってくると、どうしても外壁や屋根、水回りなどで修繕が必要になってきます。また、ライフスタイルの変化に応じてリフォームを考えている人もいるでしょう。

具体的にいつ、どのくらいの修繕費やリフォーム費用が必要になるかは、新築か中古か、周辺環境はどうか、などの違いによって様々なので、一概には言えません。できれば、これを機に修繕計画を考えておくのがいいでしょう。

ただ、住宅リフォーム推進協議会が２０１9年2月に発表した調査報告書によれば、戸建てのリフォーム費用の平均予算は２６９万円とのことですので、細かいことが分からなければとりあえず２００～３００万円くらいの金額を予定しておくことをお薦めします。

なお、住宅ローンについては、家計調査では「住居」に含まれませんが、支出予想シートでは「住居費」に入れた方が分かりやすいかもしれません。定年時に住宅ローンが残っている見込みであれば、その残債の額を記入しておきましょう。

②持ち家（マンションなどの集合住宅）

マンションなどの集合住宅の区分所有であっても、一戸建てと同じく税金と保険料が発生します。

修繕費やリフォーム費用、住宅ローンの残債についても同様です。住宅リフォーム推進協議会が２０１９年２月に発表した調査報告書によれば、マンションのリフォーム費用の平均予算は２６１万円ですので、やはり２００～３００万円くらいの金額を予定しておくことをお薦めします。

このほかに、マンション固有の費用として管理費と修繕積立金も忘れてはいけません。なお、修繕積立金はマンション全体の大規模修繕や共用部分の修繕などに使用されるお金ですので、修繕積立金を支払っているからと言って区分所有部分の修繕・リフォーム費用が不要になるわけではないということに注意してください。

③賃貸住宅

賃貸住宅に住んでいる方は固定資産税や修繕費などは基本的に必要ありません。

その代わり、毎月の家賃が発生します。

また、契約更新時には敷金や礼金、保険料も必要でしょう。一般的に2年ごとの更新となることが多いと思いますので、その場合は半額を1年あたりの金額として計算します。

なお、引っ越ししやすいのが賃貸のいいところです。会社に勤務している時は利便性を考えて都市部の賃貸住宅に住んでいたけれど、定年後は地元に帰って暮らしたい、と考えている人もいらっしゃるかと思います。その場合は、地元に帰った後にどのような住居に住むかを考えて費用を見積もってください。

【持ち家（集合住宅）の場合】

管理費（月額）		円
修繕積立金（月額）		円
合計（月額）		円
	↓ ×12ヵ月	
管理費・修繕積立金（年額）		円
固定資産税、都市計画税（年額）		円
火災保険や地震保険（年額）		円
合計（年額）		円
	↓ ×25年	
管理費・修繕積立金・税金・保険（総額）		円
修繕費・リフォーム費		円
住宅ローン（定年時の残債）		円
合計（65歳～90歳に必要な総額）		円

定年後の支出予想シート②住居関係費用

【持ち家（一戸建て）の場合】

固定資産税、都市計画税（年額）		円
火災保険や地震保険（年額）		円
合計（年額）		円
	↓ ×25年	
税金・保険（総額）		円
修繕費・リフォーム費		円
住宅ローン（定年時の残債）		円
合計（65歳～90歳に必要な総額）		円

【賃貸住宅の場合】

家賃（月額）		円
	↓ ×12ヵ月	
家賃（年額）		円
敷金・礼金・保険（年額）		円
合計（年額）		円
	↓ ×25年	
合計（65歳～90歳に必要な総額）		円

コラム／住宅ローンは退職金で完済するべき？

「定年後に借金が残っているのは気持ち悪い」「少しでも繰上げ返済した方が利息が節約できる」との理由で、定年を機に住宅ローンをすべて返済してしまいたいと思う人は少なくありません。

では、実際に住宅ローンを繰上げ返済すると、どのくらい利息軽減効果が生まれるのでしょうか？　シミュレーションしたデータがありますので、ご覧ください。例えば、3000万円を金利2・0％の30年ローンで組んだ場合、毎月約11万円の返済となり、利息返済総額は約992万円となりますが、繰上げ返済すると、表のような利息軽減効果が生まれます。

ここから分かるのは、住宅ローンの返済が始まって間もなく繰上げ返済する場合には大きな利息軽減効果がありますが、そうでなければ効果が少ないということです。このシミュレーションでは、返済が始まって3年後に100万円弱の繰上げ返済を行うと68万円の利息軽減効果が生まれますが、25年後に同様の繰上げ返済を行っても約9万円の利息軽減効果しか生まれていません。

もちろん、わずかであっても効果があるなら繰上げ返済したい、というのも一つの考え方でしょう。ただ、住宅ローンを組む時は原則として団体信用生命保険に加入するので、（あまり考えたくないことかもしれませんが）契約者が病気や不慮の事故で亡くなった場合、その保険金により住宅ローンは返済不要になります。第1章でも事例を紹介した通り、その点を考えると退職金で住宅ローンを一括返済するより、その分のお金を手元に残しておいた方が家族に多くのお金を残せる可能性があるわけです。

もちろん考え方次第ではあるのですが、残債の状況次第では退職金で一括返済しない方がメリットは大きいかもしれません。あらかじめよく考えておきましょう。

▼住宅ローンの繰上げ返済効果

繰上げ返済する時期と額	利息軽減効果
3年後に約98万円	約68万円
5年後に約95万円	約60万円
10年後に約98万円	約47万円
15年後に約99万円	約34万円
20年後に約91万円	約19万円
25年後に約91万円	約9万円

3 医療関係費用を把握しよう

予想が難しい医療費負担は統計値を参考に

定年後、ケガや病気などをしてかかるお金はどれくらい見積もっておけば良いのでしょうか?

定年前の今は、まだ特に健康に不安はなく、ここ数年は病院のお世話になったこともない、という人も多いでしょう。しかし、年を取って身体が衰えてくれば、どこかしら故障する部分が出てくるかもしれません。また、不慮の事故に遭う可能性だってあります。定年前はほとんど医療費がかかっていないとしても、定年後の医療費についてまったく見積もっておかないのは危険というものです。

問題は、いつ、どのような病気になるかは誰にも予想できないということです。そうなると、定年後にどのくらいの医療費が必要になるかは、統計データから推測するしかありません。

そこで、まずは総務省統計局の家計調査報告（２０２２年）の数字を見てみましょう。「保健医療」の平均月額は高齢夫婦無職世帯で１万５６８１円、高齢単身無職世帯では８１２８円となっています。つまり、例えば65歳以上の夫婦のみの無職世帯の場合なら、１年だと約１万６０００円×12ヵ月＝約19万円くらいの医療費がかかるという計算です。

ただし、この数値は調査対象世帯の平均値です。中には健康でピンピンしており、まったく医者にかかっていないという世帯もあれば、重い病を患っている世帯もあるかもしれません。個別の世帯を見ていくと、金額のばらつきが大きい可能性はあります。

そこで、もうひとつ別の統計資料も見てみましょう。

もし入院しても自己負担は意外と少ない

表は「主な傷病の１日あたりの入院費用と退院患者平均在院日

▼医療関係費用の平均月額

	65歳以上の夫婦のみ無職世帯	65歳以上の単身無職世帯
保健医療費	1万5681円	8128円

※総務省統計局「家計調査報告」2022年から抜粋

数」を示したデータです。「1日あたりの入院費用」に「退院患者平均在院日数」を乗じると、だいたい100万円前後になっています。つまり、何かしら病気になって入院すると、そのくらいの医療費がかかるということです。

ただし、もし医療費が100万円かかったとしても、患者が全額を負担するわけではありません。公的医療保険では自己負担は原則3割です（70歳を超えると、所得に応じてさらに自己負担が軽くなりこともあります）。さらに、窓口で支払う医療費が上限額を超えた場合には、その超えた額を支給す

▼主な傷病の1日あたりの入院費用と退院患者平均在院日数

	A（1日あたりの入院費用）	B（退院患者平均在院日数）	A×B
悪性新生物（がん）	5万8963円	17.1日	100万8,267円
糖尿病	2万8746円	33.3日	95万7242円
高血圧疾患	2万3038円	33.7日	77万6381円
虚血性心疾患	10万8030円	8.6日	92万9058円
脳血管疾患	3万5839円	78.2日	280万2610円
肺炎	3万3203円	27.3日	90万6442円
腎不全	3万6231円	44.8日	162万3149円
骨折	3万8294円	37.2日	142万4537円

※「1日あたりの入院費用」は、厚生労働省「社会医療診療行為別統計」より
※「退院患者平均在院日数」は、厚生労働省「平成29年患者調査」より

る「高額療養費制度」もあります。

したがって、仮に60代で１００万円の医療費がかかった場合でも、自己負担は９万円弱で済むでしょう。加えて、民間の医療保険に加入しておけば、そこからの給付金も得られます。そう考えると、先ほどの「夫婦２人で１年あたり19万円」という想定も、あながち見当違いとは言えないのではないでしょうか。

もちろん、自分や家族がすでに持病を抱えていて、今後もある程度の医療費がかかることが分かっている場合などは、その分を上乗せして考えておく必要はあります。そういった点も考慮して、定年後の医療関係費を自分なりに予想して書いてみましょう。

定年後の支出予想シート③医療関係費用

医療費（年額）		×25年	合計（65歳〜90歳に必要な総額）	
	円	➡		円

コラム／民間の医療保険やがん保険は必要？

定年後の病気やケガに備えて、民間の医療保険やがん保険に加入している方も多いでしょう。しかし、本文でも触れたように、実は公的医療保険だけでも医療費の負担をかなりカバーしてくれます。それでは、民間の医療保険やがん保険は不要なのでしょうか？

まずは、公的医療保険がどこまで医療費をカバーしてくれるのか確認してみましょう。公的医療保険がカバーしてくれるのは、主に次の2つです。

①公的医療保険からの給付

病気やケガをした場合、患者がその医療費を全額負担する必要はありません。公的医療保険が「療養の給付」という形で原則7割を負担してくれるので、自己負担分は原則3割で済みます。例えば1万円の医療費がかかった場合、あなたが病院の窓口で支払うのは3000円だけです。なお、この自己負担割合は図のように年齢が上がるにつれ減少し、患者の負担が軽くなっていきます。

▼公的医療保険の自己負担割合

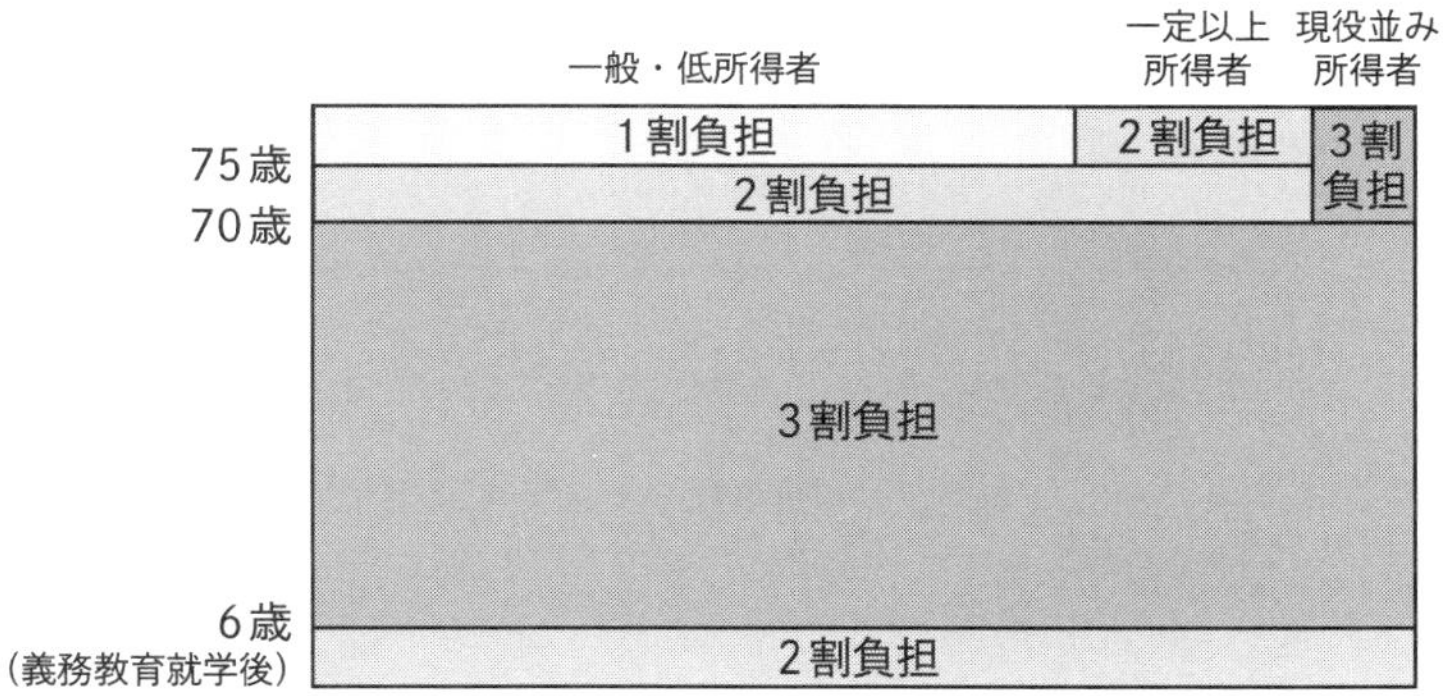

※厚生労働省ホームページ資料より作成

②高額療養費制度

　1ヵ月に窓口で支払う医療費(自己負担分)が上限額を超えた場合、その超えた額を後日支給してくれる制度です。上限額は患者の年齢や所得額によって変わりますが、定年後の一般的な所得者(70歳未満、年収約370万円〜約770万円)で100万円の医療費がかかった場合、図のように自己負担限度額は8万7430円になります。

　このように公的医療保険だけでもかなり手厚い補助を受けら

▼高額療養費制度のイメージ

（例）70歳未満・年収約370万円〜約770万円の場合（3割負担）

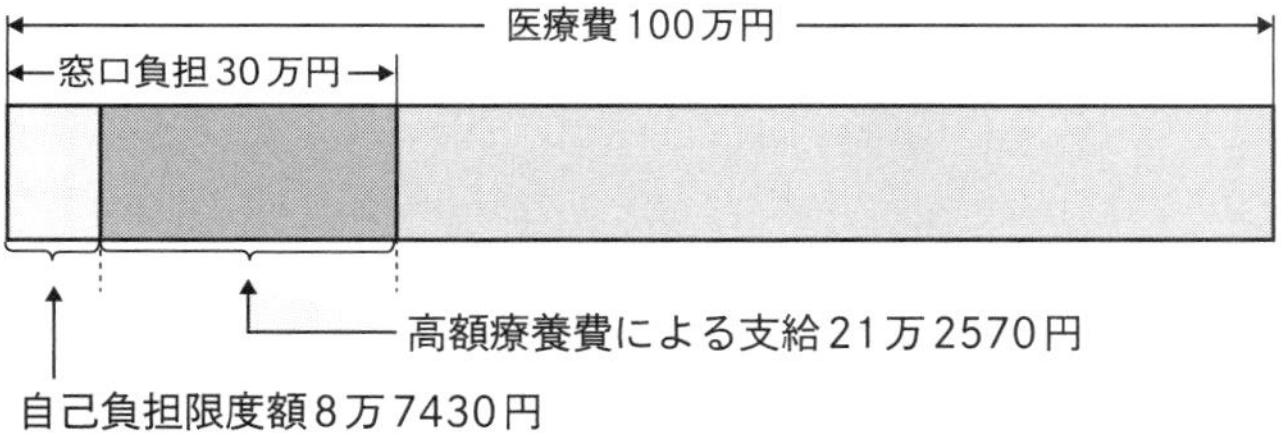

※厚生労働省ホームページ資料より作成

れるのですが、それで十分と考えられるかは人によります。なぜなら、医療費のすべてが公的医療保険の対象になるわけではないからです。

　例えば、入院時の差額ベッド代は全額自己負担になります。差額ベッド代の１日あたりの平均費用は、１人部屋で７８３７円、２人部屋だと３１１９円、３人部屋は２７９８円、４人部屋で２４４０円です（厚生労働省「主な選定療養にかかる報告状況」平成30年より）。仮に１人部屋で１日８０００円の差額ベッド代がかかり、20日間入院した場合は、合計16万円になります。

また、公的医療保険の対象外となる治療法（自由診療）もあり、その場合は治療費が全額自己負担になります。例えばがん治療における先進医療も自由診療扱いで、重粒子線治療なら平均約３１５万円、陽子線治療なら平均約２７６万円かかると言われています（厚生労働省平成29年度実績報告）。

こうした公的医療保険外の費用に備えるために民間の医療保険やがん保険に入っておく、というのも一つの考え方でしょう。

もっとも、がん保険の保険料を払うつもりで毎月１万円貯金すれば、１年間で12万円、10年で１２０万円貯まります。保険ではなく貯金で担保できるということであれば、民間保険には加入せず、その保険料の分のお金を将来の生活費に回すという考え方もあります。検討してみてください。

4 親の介護費用を把握しよう

親の介護は定年前後から始まることが多い

総務省統計局の「家計調査報告」には費目として存在していないのですが、実は定年後の家計の意外な負担になる可能性があるのが「親の介護費用」です。

介護が必要になる年齢は様々ですし、中にはピンピンコロリでまったく介護いらずのまま亡くなる方もいらっしゃいます。ただ、厚生労働省の「介護給付費等実態統計（平成30年度）」によると、90～94歳では約半数の人が介護保険のお世話になっています。

親の年齢が90～94歳ということは、その子どもは60歳前後が多いでしょう。つまり、定年前後から親の介護が始まることが多いということです。

親が元気でいるうちはなかなか必要性を感じないかもしれませんが、いずれは親の介護が始まる可能性が高いと考え、その費用も見積もっておく必要があるでしょう。

予測が難しければ統計値を参考に

では、具体的にどのくらいの金額を見積もっておけばいいのでしょうか？

当然ですが、どのような介護サービスを利用するかで、必要な金額は変わってきます。すでに親の介護が始まっている方なら、自分の場合はどのくらいの介護サービスが必要で、それにいくらかかるかの見当が付いているでしょう。

しかし、まだ介護が始まっていない方については、いつ、どのくらいの介護が必要になるのかは予測ができないと思います。その場合は、医療費の場合と同様に、統計データの平均値を参考にして見積もっておくのが良いでしょう。

生命保険文化センターの調査では、介護に要した費用（公的介護保険サービスの自己負担費用を含む）のうち、月々の費用を見ると、1ヵ月あたり平均で8万3000円になっています。ちなみに、介護に要した期間は、同センターの調査では平均61・1ヵ月（5年1ヵ月）となっていました。したがって累計でかかる費用は、8万3000万円×61・1ヵ月＝507万円ということになります。

また、介護にあたっては月々の費用とは別に、一時費用（住宅改造や介護用ベッドの購入など一時的にかかる費用）もあります。同統計によると、こちらの合計額は平均74万円となっています。

したがって、すべて平均値で考えると、介護費用の総額は507万円＋74万円＝581万円となります。もし両親ともに健在で、将来介護が必要になると予想できれば、この2倍、つまり581万円×2＝1162万円の介護費用を見積もっておく必要があります。

なお、介護サービスを利用するにあたっては、要介護度に応じて介護保険が使えるので、その範囲では自己負担を低減できます。しかし、介護給付には上限額があるので、それを超える分については全額自己負担になってしまいます。

そうした点も踏まえて、ぜひこの機会に一度、親と介護計画について話し合ってみてはいかがでしょうか。

▼介護に要した費用

【月々の費用】

1万円未満	1万円～2.5万円	2.5万円～5万円	5万円～7.5万円	7.5万円～10万円
4.3%	15.3%	12.3%	11.5%	4.9%
10万円～12.5万円	**12.5万円～15万円**	**15万円～**	**不明**	**平均**
4.1%	16.3%	16.3%	20.2%	8.3万円

【一時費用】

費用なし	15万円未満	15万円～25万円	25万円～50万円	50万円～100万円
15.8%	18.6%	7.7%	10%	9.5%
100万円～150万円	**150万円～200万円**	**200万円以上**	**不明**	**平均**
7.2%	1.5%	5.6%	24.1%	74万円

※生命保険文化センター「2021年生命保険に関する実態調査」より抜粋

▼介護保険の利用上限額

	身体の状態	利用上限額
要支援1	日常生活を送る能力は基本的にあるが、歩行などが不安定。浴槽の出入りなどに一部介護が必要。	50,320円／月
要支援2		105,310円／月
要介護1	立ち上がる時や歩行が不安定。排せつや入浴などに一部または全介助が必要。	167,650円／月
要介護2	一人で立ち上がったり歩けないことが多い。排せつや入浴などに一部または全介助が必要。	197,050円／月
要介護3	一人で立ち上がったり歩いたりできない。排せつや入浴、着替えなどに全介助が必要。	270,480円／月
要介護4	日常生活を送る能力がかなり低下。入浴や着替え全介助、食事の時の一部介助が必要。	309,380円／月
要介護5	生活全般にわたって全面的な介助が必要。意思の伝達がほとんどできない場合が多い。	362,170円／月

定年後の支出予想シート④介護費用

介護費用(月額) ［　　　　］円 × **介護期間** ［　　　　］ヵ月

介護費用×介護期間 ［　　　　］円

介護費用(一時費用) ［　　　　］円

合計 ［　　　　］円

※複数人の介護が想定される場合は、その人数分の費用を見積もること

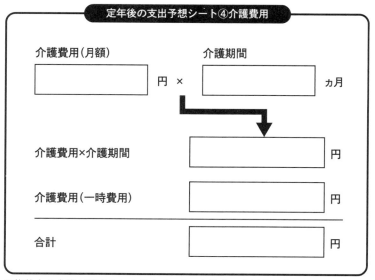

コラム／介護と仕事の両立

「定年後もなるべく働きたい」と思いつつも、親の介護と両立できず、やむを得ず介護離職する人は少なくありません。しかし、介護離職してしまうと勤労収入はなくなり、将来もらえる年金の額や退職金の額も減るので、いずれ生活が困窮する可能性が出てきます。そこで、国民が介護離職で生活困窮することがないよう、国は様々な施策で介護離職を防止しようとしています。主なものは、次の２つです。

①介護保険制度

要介護認定を受けると、要介護度に応じて様々なサービスを受けることができます。

例えば自分は会社勤めをしていても、親御さんは在宅のまま介護サービスを受けることができます。ホームヘルパーに来てもらって身体介護などを受けられるサービスもありますし、デイサービスやショートステイなど介護施設で短期的に介護を受けるサービスもあります。自宅に住み続けられるよう車いすなどの福祉用具を貸してくれたり、住宅の改修費用などを援助してくれたりするサービスもあります。

一方、在宅での介護が難しい場合は、介護施設に入居して介護サービスを受けることができます。介護施設は、特別養護老人ホームから有料老人ホーム（民間施設）まで多岐にわたります。介護施設への入居を嫌い、同意を得ることが難しい親御さんもいますが、施設に預けることができれば、介護と仕事の両立は大変楽になります。

②介護休業制度

要介護状態にある家族の介護を担うために、勤労者が休業できる制度です。

ただし、休業できる日数は、介護の対象となる家族1人につき93日です。わずか3ヵ月程度で介護が終わることはまずないでしょうから、家族を自ら介護するための休業というより、介護体制を整える準備や手続きのための休業という意味合いが強いでしょう。

なお、介護休業を取ると、雇用保険（ハローワーク）から「介護休業給付金」を受給することができます。これにより、介護休業を取っている約3ヵ月の間、会社から給料が支払われない場合は、休業開始時の賃金の67％の金額が介護保険から支給されます。

このほかにも「介護休暇制度」「所定労働時間の短縮等の措置」「所定外労働の制限」「時間外労働の制限」など、介護と仕事の両立支援のために、国は至れり尽くせりの制度を整えています。これらの施策を有効活用すると、介護離職しなくても済みます。

どんな施策があるのかについては、まずは会社の総務人事部門に問い合わせてみてください。国の施策だけではなく、会社独自の施策があるケースもあります。

また忘れてはならないのは、行政への相談です。地元の役所に相談してみると同時に、地域包括支援センターに訪問していただくことをお薦めします。地域包括支援センターでは、介護に関することは何でも親身になって相談に乗ってくれます。

5

子どもにかかる費用を把握しよう

子どもの教育費はどれくらい？

総務省統計局「家計調査報告」によると、高齢者世帯の「教育」の費用はほぼ0となっています。65歳以上の方の子どもであれば多くは30代後半、すでにとっくに学校を卒業しているはずであり、教育費がかかる家庭は少ないのでしょう。

しかし、65歳以上になっても、子どもが大学生というケースもあるかもしれません。あるいは、孫の教育費を援助したいと考えている人もいるでしょう。その場合、子ども関係費用として予定しておきましょう。

参考までに、大学の年間授業料としては、国立が53万5８００円、公立が53万６３６3円、私立だと93万９４３円が平均となっています（文部科学省「令和3年度国公私立大学の授業料の推移」より）。

結婚費用はどれくらい援助する？

また、晩婚化が進む現代では、定年後に子どもが結婚するケースもよくあります。その場合には、親が結婚費用の援助をすることもあるでしょう。

子どもの結婚費用に親がどれくらい援助するかは、リクルートブライダル総研「ゼクシィ結婚トレンド調査２０２１」の、「親・親族から結婚費用援助があった人の割合と総額」が参考になります。この調査によると、援助金額は地域によっても差がありますが、首都圏だと１９２・５万円が平均となっています。他の地域を含めた平均額は１７９万円ですから、我が子のために１８０万円くらいは準備しておいた方が良いかもしれません。

▼親・親族から結婚費用援助があった人の割合と総額

地域	全国（※1）	北海道	首都圏	東海	関西	九州
援助があった人の割合（%）（※2）	75.5	76.4	73.3	79.4	74.1	70.3
援助総額の平均（万円）（※3）	179.0	126.7	192.5	190.7	194.9	156.6

※リクルートブライダル総研「ゼクシィ結婚トレンド調査2021」より

※1　「全国」の値は推計値。

※2　結婚費用は、結納、挙式、披露宴、ウエディングパーティ、二次会、新婚旅行を合わせたもの。

※3　親・親族からの結婚費用援助があった人のうち、金額回答者の平均額。

定年後の支出予想シート⑤子どもにかかる費用

教育費		円
結婚費用援助		円
合計		円

6 生命保険料を把握しよう

今どんな保険に加入しているか把握していますか？

家計からの定期的な出費としては、民間保険会社の保険料もあります。あなたは今、どんな保険にどれくらい加入しているでしょうか？

そもそも民間保険には、大きく「生命保険」と「損害保険」があります。

このうち損害保険については、主に自動車に関する保険（自賠責保険、自動車保険など）と、住居に関する保険（火災保険や地震保険など）がありますが、それらの保険料は本書ではそれぞれ基本生活費の交通費、住居関連費用に含めていますので、本項では省略します。

一方、生命保険については大きく次の３つに分類されます。

①死亡保険……契約者が死亡した時に保険金が支払われる保険。定期保険、終身保険など。
②生存保険……満期時に契約者が生存していた時に保険金が支払われる保険。学資保険、個人年金保険など。
③その他の保険……生死以外を対象とした保険。医療保険やがん保険、就業不能保険など。

なお、①と②を組み合わせた商品もあり（満期までに死亡すれば死亡保険金、生きていれば満期保険金が支払われる保険）、「混合保険」と呼ばれます。また③の医療保険やがん保険などは、損害保険会社でも取り扱っていることがあります。

さて、ここで改めて問います。あなたは今、どんな保険にどれくらい加入しているでしょうか？

過去に勧められるままにいろいろと加入していまい、「自分でも把握しきれていない」という人も意外と少なくないようです。そういう人はまず、今現在加入している保険を確認することから始めてみましょう。

保険の契約時には保険会社より保険証券が送られてきますので、それを見れば保険の内容が確認できます。保険証券は保険金を受け取る際にも必要な大切な書類ですので、しっかり管理しておきましょう。

定年は生命保険を見直す絶好のチャンス

そして、今加入している保険が把握できたら、ぜひこの機会に行っていただきたいのが、保険の見直しです。定年前後は大きくライフスタイルが変わり、それに伴って必要な保証内容も変わります。定年後は過剰になるような保険を解約すれば、保険料の負担も減らせます。定年は保険見直しの絶好のチャンスなのです。

具体的には、次のように考えます。

①死亡保険

サラリーマン時代に一家の働き手が亡くなった時のことを考えて、家族のために死亡保険に加入したという人は多いと思います。しかし、その保険は定年後にも本当に必要でしょうか？　また、死亡時の保険金額は妥当な額でしょうか？

子どもがすでに経済的に独立しており、定年後は妻の生活さえ保障できれば良い、ということであれば必要な保険は意外と少なくて済むものです。この考え方については、後ほど詳しく説明します。

②生存保険

個人年金保険などの生存保険については、基本的に定年までには保険料の支払いは終わっているはずです。後は満期保険金を受け取るだけですので、見直しても保険料の節約にはなりません。したがって、原則として見直しの必要はありません。

ただし、まだ保険料を支払い中の場合は、途中解約で戻ってくる金額と、満期まで待って受け取る金額を比較して検討してもいいでしょう。

③その他の保険

医療保険やがん保険については「どの程度の医療を望むか」によって変わってきます。詳しくは本章の医療関連費のところでも解説しましたが、公的医療保険だけでもかなりの範囲をカバーしてくれますから、民間の医療保険には加入せず預貯金で備えるというのも一つの考え方です。

ちなみに、参考までに統計データを見てみると、生命保険文化センターによる「生命保険に関する全国実態調査」（2021年度）によれば、世帯主が60～64歳の生命保険・個人年金保険の世帯加入率は92・4％に上っています。65～69歳では93・8％です。つまり、定年後でもほぼ全世帯が何らかの生命保険に加入しています。

ただし、世帯年間払込保険料については65～69歳が例外的に高額になっていますが、基本的には年齢が上がることに減少傾向になっています。これは年齢に応じて保障内容を見直している結果で

▼生命保険の世帯年間払込保険料（世帯主年齢別）

年齢	金額
50～54歳	43.2万円
55～59歳	43.6万円
60～64歳	38.4万円
65～69歳	43.6万円
70～74歳	33.7万円
75～79歳	31.4万円

※生命保険文化センター「生命保険に関する全国実態調査」2021年度より抜粋

しょう。

こうしたデータも参考にしつつ、定年後に必要となる保険料を見積もってみましょう。

死亡保険の見直し方

さて、死亡保険の見直しについてですが、そもそも遺族への保障としては、公的な制度として遺族年金があります。遺族年金の詳細については第2章で解説しましたが、夫が定年後に亡くなった場合でも、妻には遺族厚生年金が支給されます。また18歳未満の子どもがいる場合は、遺族基礎年金も支給されます。

したがって、死亡保険の見直しに際しては、まず遺族年金の額について確認しておきましょう。

例えば、老齢厚生年金を年額１２０万円もらえる夫が亡くなった場合に支給される遺族年金の額は、おおむね図のようになります。妻が55歳の時に夫に先立たれた場合なら、妻が95歳までに受け取れる遺族年金の給付額は１５０万円×10年＋１７０万円×30年＝６６００万円という計算です。

また、遺族年金以外に、夫の死亡退職金（退職金を受け取るはずだった夫が死亡した場合に遺族に支払われる退職金）が受け取れることもあります。夫が残してくれた預貯金も相続できます。

すると、仮に妻の生活費が月20万円として、遺族給付が６６００万円、死亡退職金が２０００万円、預貯金が５００万円とすれば、妻が95歳までに不足する生活費は次のように計算できます。

支出（妻55歳～95歳の生活費）＝20万円×12ヵ月×40年＝９６００万円　……A
貯蓄・収入＝６６００万円＋２０００万円＋５００万円＝９１００万円　……B
不足額＝A－B＝５００万円

つまり、この不足分を生命保険で補えればいいのですから、死亡保険金は５００万円で十分ということになります。

このように具体的に計算してみると、今までかけていた生命保険は定年後には過剰となる場合も多いものです。そうした場合には、適切な保障内容になるように保険契約を見直すことで、保険料の大幅な節約ができるかもしれません。

▼遺族年金の支給イメージ

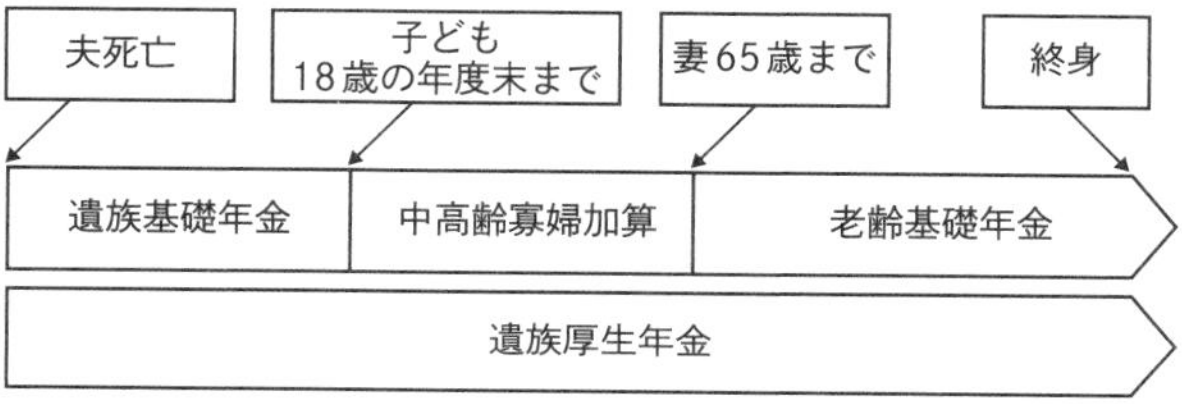

▼遺族年金の支給額（夫の老齢厚生年金が年額120万円の場合）

	子ども（18歳の年度末まで）	妻（65歳まで）	妻（亡くなるまで）
遺族基礎年金	約80万円	—	—
子の加算（1人）	約23万円	—	—
遺族厚生年金	約90万円	約90万円	約90万円
中高齢寡婦加算	—	約60万円	—
老齢基礎年金	—	—	約80万円
合計	約193万円	約150万円	約170万円

定年後の支出予想シート⑥生命保険の保険料

保険料（年額）
　　　　　　円
×25年 ➡
65歳～90歳に必要な総額
　　　　　　円

7 定年後の教養娯楽・交際費を把握しよう

充実した定年後を過ごすためにもお金は必要

定年後に趣味を楽しんだり、仲間と楽しく過ごしたりしたいという方は多いと思います。充実した生活を送るためには、そのために必要な金額も見積もっておきましょう。まず、他の家庭ではどのくらいのお金を使っているのか、統計データを確認してみましょう。総務省統計局の「家計調査報告」では「教養娯楽」「交際費」についても調査されており（交際費については「その他の消費支出」に含まれる細目となっています）、その平均月額は表の通りとなっています。

ここで「教養娯楽」には、学習・趣味・スポーツに使う費用が含まれます。楽器やオーディオコンポなどの代金、ゴルフ道具やプレー代、宿泊費やパック旅行代金がこちらに含まれます。また、交際費については、職場や地域の仲間との食事会や飲み会での支出はもとより、お歳暮などの贈答品も含まれます。

もっとも、サラリーマン時代ならともかく、定年後は仕事関係でのお付き合いによる交際費はほぼ不要になるでしょうから、この2つを厳密に分ける必要はないと思います。本書では、合わせて教養娯楽・交際費として扱います。

何をしたいかによって金額は大きく変わる

さて、平均月額としては表の通りですが、実際は何をしたいかによって金額が大きく異なります。そのため、あくまで統計データは参考値として、定年後にどういう生活を送りたいのか、ご自身で考えて必要な金額を見積もってみてください。

例えば、もし65歳以降の25年間、年に2回は夫婦で温泉旅行をしたいという夢があったら、1回の旅費が2人で8万円として、8万円×2回×25年＝400万円の費用が必

▼教養娯楽・交際費の平均月額

	65歳以上の夫婦のみ無職世帯	65歳以上の単身無職世帯
教養娯楽	2万1365円	1万4473円
交際費	2万2711円	1万7893円
合計	4万4076円	3万2366円

※総務省統計局「家計調査報告」2022年から抜粋

要ということになります。

また、学生時代の旧友や地域の仲間と月に1回は会食をするとしたら、1回3000円として3000円×12ヵ月×25年間＝80万円がかかることになります。

あるいは、「教養を高めたい」「生涯学習を楽しみたい」と考えているなら、大学の社会人向け講義やカルチャースクールの受講料を見積もっておくといいでしょう。金額は様々ですが、大学の社会人向け講義であれば、著名な大学の教授の授業を6回コース2万4000円で受講できる講座もあります。また、小説などの創作や、様々な文化について学べるコースのあるカルチャーセンターでは、入会金5000円、1回約3000円などの料金設定になっています。

ご自身の夢や目標、やってみたいことなどを思い浮かべつつ、それにはいくら必要になるのか予想してみましょう。

定年後の支出予想シート⑦教養娯楽・交際費

教養娯楽・交際費（年額）　＿＿＿＿円　×25年 ➡　65歳〜90歳に必要な総額　＿＿＿＿円

8 定年後の税金・社会保険料を把握しよう

税金や社会保険料の負担も意外とバカにできない

日常の生活を営むにあたって、必要な商品やサービスに対して実際に支払った金額（支出）のことを「消費支出」と言います。前項までは、その消費支出について計算をしてきました。しかし、それ以外に忘れてはならないのが税金等の支出です。

総務省統計局「家計調査報告」では「非消費支出」という費目がこれにあたります。非消費支出とは、家計における生活費以外の支出であり、所得税・住民税などの直接税や、健康保険料・介護保険料などの社会保険料を指しています。

同調査を参考にすると、「65歳以上の夫婦のみ無職世帯」では、直接税・社会保険料の合計は、月額3万1799円になっています。つまり、65歳から90歳までの25年間では3万1799円×12月×25年≒954万円となります。

定年後、年金生活に入っても、1000万円近い税金や社会保険料を払うことになるのです。これはバカにできない金額です。

収入額によって負担額も変わる

ただし、実際にどれくらいの直接税・社会保険料を支払うことになるのかは、年ごとの収入によって変わってきます。つまり、年金をいくらもらえるか、年金以外の収入（アルバイト代など）はあるか、などの条件によって金額が変わってきます。

したがって、できればご自分のケースに合わせて、定年後の税金・社会保険料を概算しておくようにしましょう。何にいくらかかるかは第2章で解説しましたので、それを参考にしてください（ただし税率や保険料率などが見直されることもあるので、あまり厳密に考えず概算でOKです）。

例えば65歳以上の夫婦2人世帯で、夫の公的年金200万円、企業年金50万円、妻の公的年金100万円の場合だと、所得税は

▼直接税・社会保険料の平均月額

	65歳以上の夫婦のみ無職世帯	65歳以上の単身無職世帯
直接税	1万2854円	6660円
社会保険料	1万8945円	5625円
合計（月額）	3万1799円	1万2285円

※総務省統計局「家計調査報告」2022年から抜粋

1万4805円、住民税は3万4000円、国民健康保険料は9万3022円、介護保険料は15万3600円で、合計29万5427円となりますので、65～90歳の25年間の所得税・住民税・国民健康保険料・介護保険料の総額は29万5427円×25年≒739万円となります。

また、直接税の税金・社会保険料とは別に、定年退職時に退職金（退職一時金）を受け取る場合には、それにも所得税と住民税がかかります。こちらも忘れずに計算に入れておきましょう。

定年後の支出予想シート⑧税金・社会保険料

所得税		円
住民税		円
健康保険料		円
介護保険料		円
合計（年間）		円
	↓ ×25年	
65歳～90歳に必要な総額		円
退職一時金にかかる税金		円
合計		円

第4章

定年後の収入をイメージしよう

第3章で定年後の支出を計算したら想像以上に大きな金額となり、不安を感じた方もいるかもしれません。しかし、定年後には様々な収入を得ることもできますから、意外と収支は何とかなるものです。本章では現在持っている資産と、定年退職後の収入を把握し、収支バランスを確認する方法を解説します。

1

定年時の退職金の額を確認しよう

まずは定年年齢について調べておこう

まずは、会社を定年退職した時にもらえる退職金についてです。

退職金というのは、簡単に言えば定年退職した時に会社からもらえるお金ですね。では、そもそもあなたの会社では何歳が定年となっているでしょうか？

「何をいまさら」と思うかもしれませんが、実は法律では、会社には定年を定める義務はありません。ただし、定年を定める場合は、定年年齢は60歳以上に設定しなければならないことになっています。また、定年年齢を65歳未満に設定している場合でも、従業員本人が希望した場合は65歳まで継続して雇用する義務があります。

そのため、多くの会社では「60歳で定年となり、その後65歳まで再雇用または勤務延長する」という制度が採用されています（ちなみに、定年時にいったん退職させてすぐ雇い直すのが「再雇用」、退職させずにそのまま雇用し続けるのが「勤務延長」です）。

そうした現状を受け、本書でも「実質的に65歳以降が定年後の生活」という前提で解説をしています。しかし、中には定年年齢自体を65歳に設定している会社や、それら以外の設定となっている会社も存在します。レアケースですが、定年を定めていない会社もあり得ます。したがって、まずは念のため自分の会社の定年がどうなっているか、お勤めの会社の人事総務部門に確認しておきましょう。あるいは、定年を定めている会社であれば、就業規則などに明記する義務があるので、それを確認してもいいでしょう。

退職金の金額を把握している人は意外と少ない

さて、それでは肝心の退職金はいくらもらえるでしょうか？

これについても、定年前にきちんと確認している人は少ないようです。エフピー教育出版「平成30年サラリーマン世帯生活意識調査」によれば、50～59歳のサラリーマンでは、退職金の額について「よく知っている」と回答した人はわずか17・１％。「だいたい知っている」と回答した人は40・２％、「知らない」と回答した人は42・７％にも達していました。

▼企業規模ごとの形態別退職給付額の１人あたり平均

【大学卒】

企業規模	一時金のみ	年金のみ	両制度併用
1000人以上	2665万円	2823万円	2720万円
300~999人	1789万円	2115万円	2314万円
100~299人	1636万円	1912万円	2192万円
30~99人	1881万円	2409万円	1571万円

【高校卒（管理・事務・技術）】

企業規模	一時金のみ	年金のみ	両制度併用
1000人以上	2789万円	2331万円	2550万円
300~999人	1363万円	1639万円	2039万円
100~299人	1075万円	1417万円	1993万円
30~99人	1426万円	956万円	2147万円

【高校卒（現業職）】

企業規模	一時金のみ	年金のみ	両制度併用
1000人以上	2863万円	1524万円	1982万円
300~999人	1113万円	1346万円	1934万円
100~299人	1215万円	1527万円	1656万円
30~99人	1274万円	1144万円	1256万円

※厚生労働省「平成30年就労条件総合調査」より

退職金は年金と並んで老後資金の中心となる収入ですので、ぜひ早めに調べておきましょう。参考までに、厚生労働省の「就労条件総合調査」によると、企業規模ごとの形態別退職給付額の平均は表の通りです。

会社によって退職金制度は異なる

ただし、この表のデータはあくまで「平均」です。当然ですが、実際の金額は会社によって違います。

実は、退職金の支払いについても、会社の義務ではありません。そのため、退職金制度がない会社もたくさんあるのです。また、中小企業では会社独自の退職金制度ではなく「中小企業退職金共済制度」を利用していることもあります。したがって、自分がいくら退職金を受け取れるのかはしっかり確認しておく必要があります。

確認方法としては、やはりお勤めの会社の人事総務部門に直接確認するのが、もっとも手っ取り早くて確実でしょう。

ただ、なかなか会社には問い合わせづらいという場合もあるかもしれません。その場合には、退職金制度がある会社であれば就業規則に「退職金規程」が定められていますので、それを調べて自分自身で計算することもできます。退職金規程がどのようになっているかは様々ですが、多くの会社が採用しているのは次の２つの方法です。

①ポイント制退職金

会社が与えたポイントによって退職金の金額が決まる制度です。ポイント付与の方法は退職金規程で定めます。例えば勤続ポイント、職能ポイントが1万ポイント、累計で2万ポイントが付与されて、ポイント単価が１０００円だとすると、退職金は２０００万円、というように計算します。

②給与連動制

退職時の給与に一定比率を乗じて退職金を算定する方法です。ポイント制退職金と比べて仕組みがシンプルなので、簡単に導入できるというメリットがあります。

受け取り方もいろいろある

また、もう一つ確認しておきたいのが、退職金の受け取り方です。退職金の受け取り方には、大きく次の2つがあります。

・一時金……定年退職時に全額を一括して受け取る方法
・年金……公的年金のように定額を定期的に受け取る方法

なお退職金制度の一つである、企業年金については次の2種類に分類されます。

・確定給付型……給付額が確定している企業年金。根拠となる制度によって厚生年金基金、確定給付企業年金、会社独自の企業年金がある。
・確定拠出型……会社の拠出金額が確定している企業年金。会社が拠出した原資を、従業員本人が選んだ方法で運用し、その運用結果によって給付額が変動する。なお確定拠出年金には、企業年金である企業型のほか、個人年金の一種である個人型（iDeCo）もある。

一般的には退職金は退職一時金として一括で受け取ることになりますが、会社によっては企業年金のみであったり、退職一時金と企業年金を併用していることもあります。また、退職一時金と企業年金のどちらかを退職者が選べることもあります。

どのような方法で受け取るかによって、もらえる金額が変わることもあるので、自分がどのような方法でいくら受け取れる見込みなのか、きちんと確認しておきましょう。ただし、企業型確定拠出年金などで受け取り金額が確定していない場合は、現時点での見込みでOKです。

定年後の収入予想シート①退職金

退職一時金		円
企業年金（総額）		円
合計		円

コラム／退職金の運用はどうする？

退職金をもらってそのまま何もしないでいると損すると思い、株式投資などでうまく運用して増やそうと考える人は多いのではないでしょうか。確かに、今は低金利の時代ですから、銀行などに預けておいてもなかなか増えません。国でも「貯蓄から投資へ」というスローガンを掲げています。

しかし、これまで投資に縁のない生活を送ってきた人であれば、どう運用したらいいのか、即座には判断できないでしょう。知人に勧められたからと言って株式の信用取引や先物取引、ＦＸ（外国為替証拠金取引）、借金を抱えての不動産投資など、危険な投資に手を出し、大きな損害を出してしまう人も少なくありません。

そういう意味では「大切な老後資金である退職金を危険にさらしてまで、資産運用なんてしなくてもいい」という考え方も大切です。特に定年後の家計の収支がプラスで、資産運用をしなくても十分に生活できるのであれば「定年後は、それまでに蓄えたお金をうまく使うことに専念する」という考え方も妥当だと思います。

ただ、そうは言っても少しは資産運用をして、多少なりともお金に余裕を生み出したい、と考える気持ちも理解できます。その場合は次の2点を守れば、初心者でも比較的安全に、無理なく資産運用できるでしょう。

①余裕資金で投資する

投資の基本は「余裕資金で投資すること」です。自分が保有する資産のうち、投資するのはその10～20％くらいが妥当でしょう。

仮に退職金や預貯金を含めて2000万円というまとまったお金を65歳時点で保有していたら、そのうち投資するのは400万円以内に留めることです。残りは、定期預金や普通預金で保有するくらいの気持ちで十分かと思います。

この400万円を余裕資金とした場合、高配当利回りの株や投資信託、REITなど少々リスクの高い金融商品に投資し、その運用益を旅行費用などにあてるのです。

②長期・分散・積立投資する

投資の王道は「分散投資」と「長期投資」と「積立投資」であるということです。これを守っていれば、資産運用で大きな損失を出す恐れも少なくなります。

分散投資というのは、一つの銘柄に集中して大金を投じるのではなく、複数の銘柄に少しずつ投資することで、リスクを分散するという考え方です。これを手軽に実現できるのが、個別の株ではなく投資信託に投資すること。特に、日経平均株価などに連動するインデックス型と呼ばれる投資信託であれば、手数料も安いので、初心者にはお薦めです。

そしてさらに、一度に大金を投資するのではなく、長期にわたって少しずつ積立投資をすることも大切です。これはドルコスト平均法とも呼ばれる投資方法で、株価の変動リスクを抑える効果があります。

ちなみに、月3万円程度までの積立投資であればＮＩＳＡ（つみたてＮＩＳＡ）という制度が使えます。これは年間投資枠40万円以内、非課税保有期間20年間以内の積立投資であれば、通常は20％かかる投資益への税金が非課税になるというお得な制度です（２０２４年より年間投資枠は１２０万円、非課税保有期間は無期限になる予定です）。

例えばこのＮＩＳＡを利用して、インデックス型の投資信託に毎月１・５万円ずつ積立投資し、仮に平均3％の利率で運用できれば、20年の長期投資で合計360万円の投資元本が492・5万円に増える計算になります。つまり、132・5万円の利益が得られるわけです。それだけ利益が出れば、住宅のリフォーム費用や旅行費用にあてることもできますから、十分ではないでしょうか。

2

老齢年金の受給額を確認しよう

ねんきん定期便のハガキをチェックすればＯＫ

退職金の次は、公的年金の金額を確認しましょう。

これは簡単で、毎年ご自身の誕生月に日本年金機構から送られてくる「ねんきん定期便」を見れば分かります。三つ折りのハガキで、中を開けると「老齢年金の種類と見込額（年額）」という欄に、将来もらえる年金の金額が書かれています。

ただし、ここに記載されている見込額は、60歳まで現在と同じ条件（給与、賞与）で働き続けると仮定して計算されたものです。そのため、今後給料の変動があったり、早期退職したり、転職したりした場合は、見込額が変わる可能性があります。定年後の収支を計算する際にはとりあえずこの金額で考えて大きな問題はありませんが、あくまで確定額ではないということはご留意ください。

▼「ねんきん定期便」のサンプル（50歳以上）

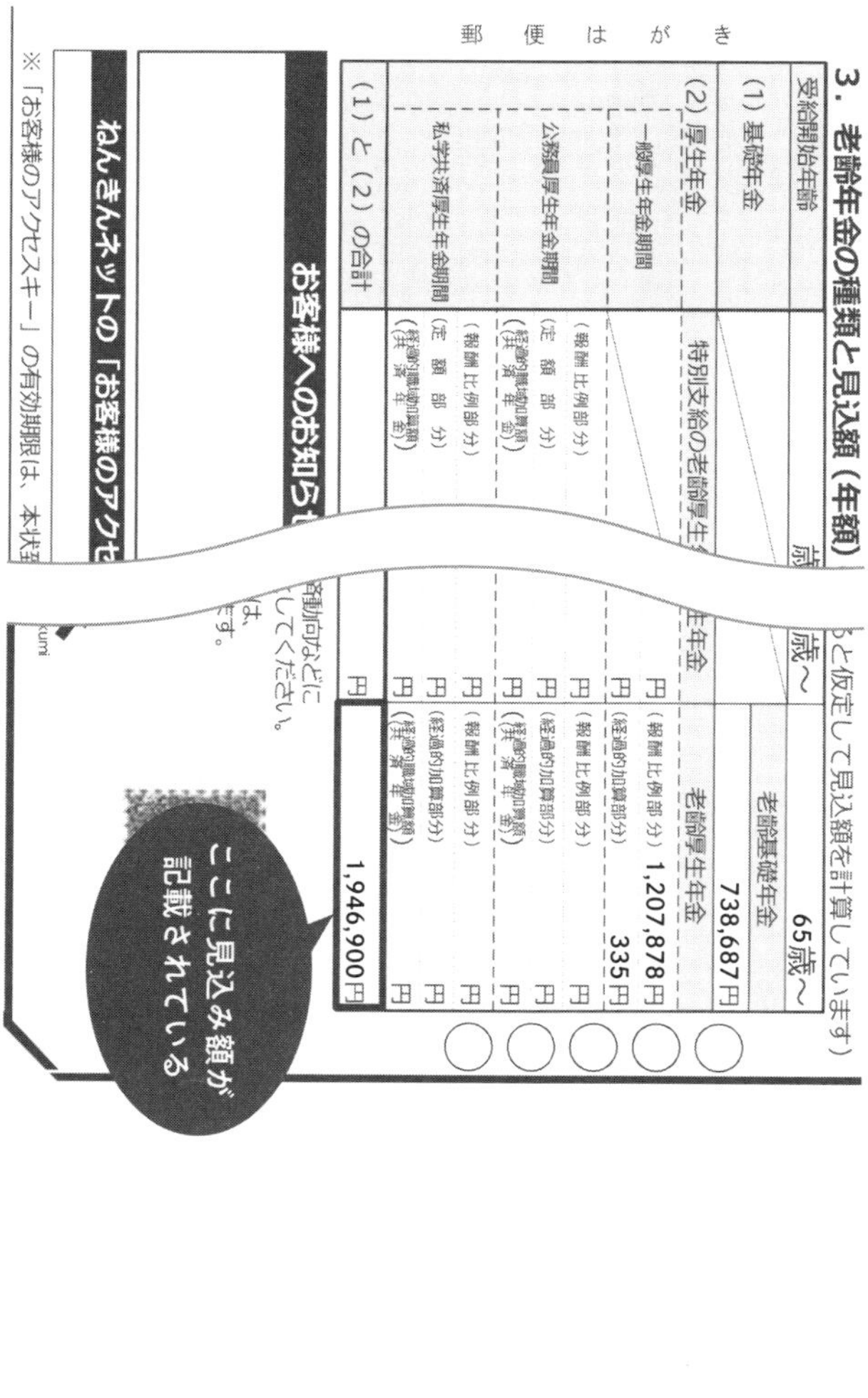

また、この見込額は65歳から受給を開始した場合の金額ですので、繰上げ受給や繰下げ受給を考えている方は、第2章の解説を参考に受給率を乗じて計算してください。

ちなみに、このハガキは50歳以上の人と50歳未満の人で内容が異なっています。本書の読者は50代の方がほとんどだと思いますので、それを前提に解説していますが、50歳未満の人はハガキの見方も異なりますので、注意してください。

妻の受給額も確認しておこう

また、独身ではなく結婚されている場合、配偶者の年金受給額も同様にして確認しておきましょう。夫婦の年金受給額の合計が、家計の収入になるからです。

仮に妻が一度も働いたことがなく、専業主婦としてサラリーマンの夫にずっと養われてきた、というような場合でも、妻は国民年金の第3号被保険者となりますので、65歳になると老齢基礎年金を受給することができます。また、もし短期間でも働いていた場合は、その期間分の老齢厚生年金も受け取れます。

夫婦それぞれに毎年ねんきん定期便が送られてきているはずですので、そちらで金額を確認してください（万一ねんきん定期便が送られてきていない場合は、日本年金機構もしくはお近くの年金事務所に問い合わせてください)。

なお、厳密に言えば夫婦の年金の受給開始時期は年齢差の分だけずれるので、それを考慮して世帯の収入額を計算すべきなのですが、よほどの年齢差がある場合でもない限り「定年後の家計の収支」を考えるうえではそこまで細かく計算しなくてもＯＫです。

ネットでも最新情報を確認できる

ちなみに、ねんきん定期便には毎年の誕生月に送られてくるハガキとは別に、一生のうち3回(35歳と45歳と59歳)はＡ４判の青い封筒に入って送られてくるものもあります。こちらのねんきん定期便には年金加入履歴も記載されていますので、加入履歴に間違いがないか、きちんとチェックしておきましょう。

また、年金見込額や年金加入履歴は、ねんきん定期便以外に日本年金機構のホームページの「ねんきんネット」(https://www.nenkin.go.jp/n_net/)から確認することもできます。使用するには登録手続きが必要ですが、いつでも好きな時に年金見込額や年金加入履歴の最新情報を確認できるので、こちらを利用しても良いでしょう。

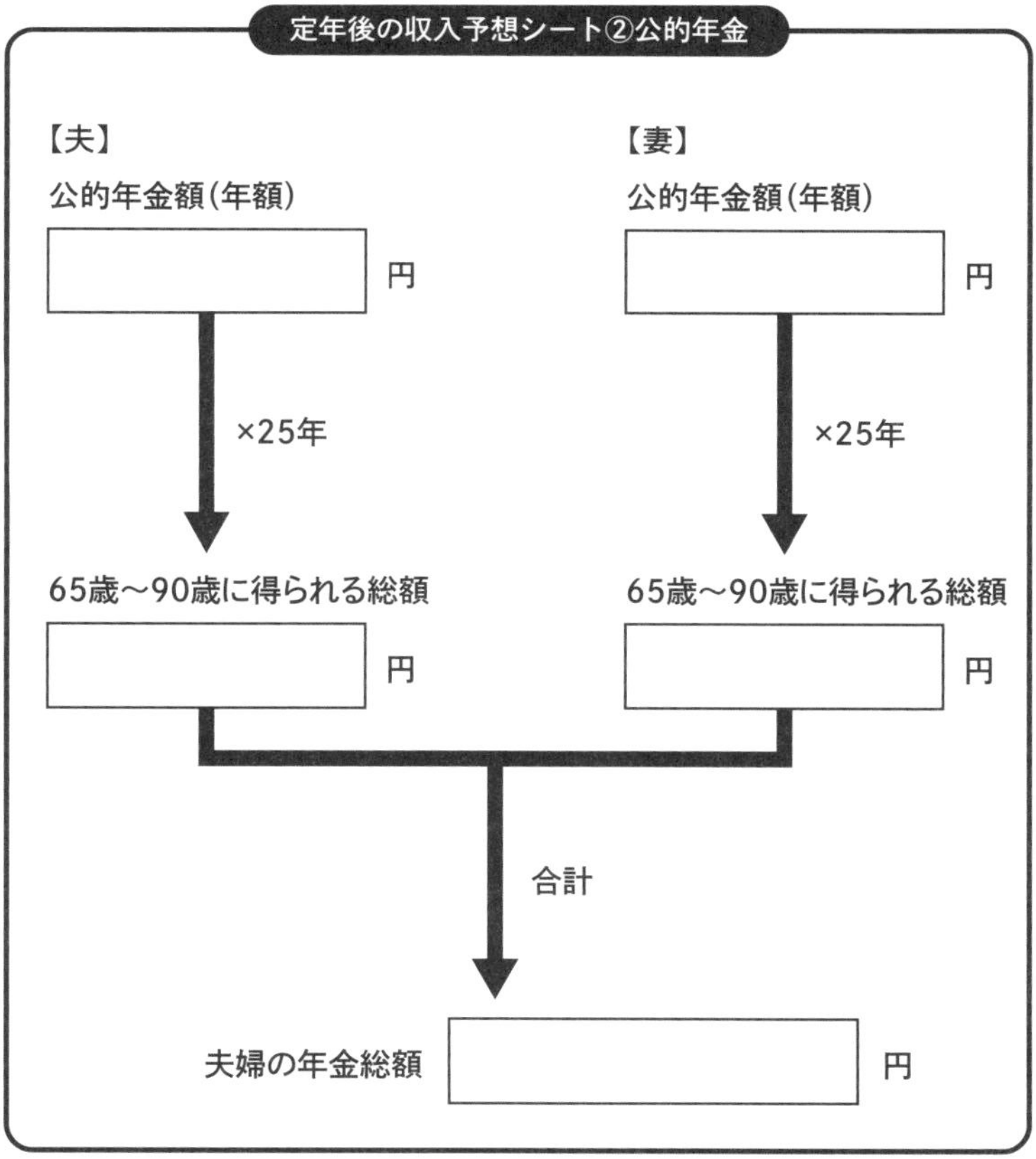

※繰下げ受給・繰上げ受給をする場合は、年額と年数を調整すること

3 個人年金の額を確認しよう

個人年金への加入は人それぞれ

前項では公的年金について確認しましたが、第2章で解説したように、年金には公的年金以外に私的年金があります。

ここで復習しておくと、私的年金とは、公的年金に上乗せしたい人のための年金です。企業が退職金制度の一環として用意している企業年金や、個人の任意で加入する個人年金があります。

このうち、企業年金については退職金の項で扱いましたので、ここでは個人年金について確認しておきましょう。

ただし、加入が義務である公的年金とは違って、先述したように個人年金への加入は個人の任意です。特に個人年金に加入していない人は、当然そこからの年金給付はありませんので、この項目は飛ばしてしまっても構いません。あるいは、商品にもよりますが65歳までは加入できる個人年金もありますので、定年後に備えて今から加入を検討してもいいでしょう。

個人年金保険は種類によって受け取り金額の計算方法が変わる

さて、個人年金の代表格としては、民間の保険会社が提供する個人年金保険があります。あなたはどんな個人年金保険に加入しているでしょうか？

個人年金保険の種類は、基本的には次の3種類あります。契約時に受け取った保険証券に契約内容が書かれていますので、確認してみましょう。

①終身年金……被保険者が生きている限り年金を受け取ることができる。被保険者が死亡した場合、その時点で支払い終了となる。

②確定年金……契約時に定められた期間、被保険者の生死にかかわらず年金が支払われる。期間中に被保険者が死亡した場合、残りは遺族に支払われる。

③有期年金……契約時に年金支払い期間を決め、その期間内は被保険者の生存を条件に年金が支払われる。期間中に被保険者が死亡した場合、その時点で支払い終了となる。

①終身年金の場合、被保険者がいつ亡くなるかによって受け取れる金額が変わりますが、とりあえず支払い開始から90歳まで受け取れると仮定して、その年数分の受け取り金額を計算しておけば良いでしょう。

②確定年金の場合は受け取れる金額が確定しているので、それをそのまま収入として計算します。

③有期年金の場合も、正確には被保険者がいつ亡くなるかによって受け取れる金額が変わりますが、ここでは支払い期間の最後まで全部受け取れると計算しておけば良いでしょう。

参考までに、個人年金保険の加入者は、平均していくらくらいの年金が出る保険に加入しているのかというと、生命保険文化センター「生命保険に関する全国実態調査」令和3年によれば、基本年金年額は平均97・1万円となっています。また、同調査結果では、年金をもらえる期間は「10年間」で契約している人がもっとも多くなっています。つまり、年額約100万円の年金を10年間受け取ることができる個人年金保険に加入している人が多いようです。

▼個人年金保険の基本年金年額

36万円未満	36万~48万	48万~60万	60万~72万	72万~84万
19.6%	5.7%	10.1%	10.2%	7.0%
84万~96万	**96万~108万**	**108万~**	**不明**	**平均**
2.9%	6.8%	22.7%	15.1%	97.1万

※生命保険文化センター「生命保険に関する全国実態調査」令和３年

▼個人年金保険の給付期間

加入者	5年間	10年間	15年間	終身	その他	不明
世帯主	7.7%	43.1%	8.4%	17.5%	3.4%	26.1%
配偶者	6.2%	36.4%	5.8%	12.7%	3.1%	39.8%

※生命保険文化センター「生命保険に関する全国実態調査」令和３年

iDeCo は運用結果次第なので現時点での見込みでOK

また、個人年金のもう一つの代表格として、iDeCo の名で知られる個人型確定拠出年金もあります。実施主体は国民年金基金連合会ですが、銀行や証券会社など多くの金融機関で加入できます。

iDeCo の魅力は、なんと言っても公的年金と同等の税制優遇が受けられること。受け取った年金には「公的年金等控除」（一時金で受け取った場合は退職所得控除）が適用されます。民間保険会社の個人年金保険の場合、掛け金は必要経費として差し引けますが、こうした控除は使えません。

ただし、基本的に国民年金の加入者であれば誰でも加入できますが、被保険者種別や勤務先の企業年金制度によって掛け金の限度額は異なります。

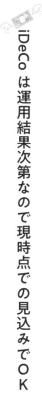

また確定拠出型の年金ですので、加入者自身が運用方法を選ぶ必要があり、その運用結果によって給付額が変わってしまいます。そのため、給付額については、とりあえず現時点での見込みで計算してください。

参考までに国民年金基金連合会の iDeCo 概況によると、毎月の掛け金額の平均は、第1号加入者（自営業など）が2万8551円、第2号加入者（会社員など）が1万4548円、第3号加入者（専業主婦など）が1万5315円となっています。全体の平均は、1万6155円です（2023年3月現在）。

一方、受け取る老齢給付金は、1人あたり年金で68万円、一時金で332万円となっています（確定拠出年金統計資料2022年3月）。

定年後の収入予想シート③個人年金

個人年金保険		円
iDeCo		円
合計		円

4

65歳以後の勤労収入の額を確認しよう

65歳以後も働くかどうか今のうちに考えよう

現在、多くの会社では「60歳で定年となり、その後65歳まで再雇用または勤務延長する」という制度が採用されています。そのため、あなたも65歳までは今勤務している会社で働くことを予定していると思います。

では、65歳以後についてはいかがでしょうか？

すっぱり引退して悠々自適の暮らしを送ると決めている方もいらっしゃれば、まだまだ元気なうちは多少なりとも働きたいと考えている方もいらっしゃるでしょう。セミナーなどで話を聞くと、まったくの未定という方も多いようです。

ただ、もし65歳以後も働くのであれば、その勤労収入も定年後の家計に見積もっておく必要があります。ですので、65歳以後に働くかどうか、これを機にぜひ考えておきましょう。

収入は基本的に時給で計算

では、65歳以後に働くとしたら、具体的にどのくらいの収入を見込んでおけば良いのでしょうか？

当然ですが、勤労収入は就労形態によって大きく異なります。実際に65歳以降の方々の働き方を見ても、新たな会社にスカウトされて高額な収入を得ている人もいれば、非正規雇用で最低賃金に近い収入で働いている人もいます。

ただし、総務省「労働力調査」（令和2年）で「非正規の比率」を男女別に見ると、男性の場合は55～59歳で10・6％ですが、60～64歳では46・7％、65～69歳では69・9％と、60歳を境に大幅に上昇しています。女性の場合は55～59歳で60・2％、60～64歳で74・9％、65～69歳で84・1％となっており、やはり60歳を境に非正規の比率は上昇しています。つまり、男女とも65歳以後はほぼ7割以上の人が非正規雇用で働いているというのが実情のようです。

したがって、すでに65歳以降の再就職先が決まっているというケースでもない限りは、パート・アルバイトなど非正規雇用で働くことを想定するのが良いでしょう。

その場合、賃金は時給で計算します。例えば65歳以後、最低賃金（2022年度の全国平均は961円）に近い時給1000円で週20時間働いた場合には、1000円×20時間×4週間＝月8万円の収入になると計算できます。1年間では8万円×12ヵ月＝96万円になるので、仮に65歳から10年間働くと考えるなら、全部で960万円の収入ということになりますね。

もちろん、どれくらいの時給、どれくらいの頻度で何年くらい働くかによって収入総額は変わりますので、ぜひご自分の場合どうしたいかを考えて計算してみてください。

再就職までのつなぎとして失業給付も受け取れる

なお、65歳で今の勤務先をリタイアして、すぐ翌日から新しい職場で働けるならいいのですが、多くの場合は新しい職場が見つかるまで多少の時間がかかるでしょう。また、「65歳まで一生懸命働いたのだから、ちょっと休養期間を取ってからまた働きたい」と考えている人もいるかと思います。

そのような場合、失業給付として「高年齢求職者給付金」を受給することができますので、これも収入予定に加えておきましょう。

例えば65歳以降で離職した時点での賃金日額が５０００円だとすると、基本手当日額４０００円（５０００円×80％）を50日分受給することができますので、総額で４０００円×50日＝20万円が受け取れます。

具体的な計算方法や受給の条件、注意点などは第２章で紹介しましたので、詳しくはそちらを参照して計算してみてください。

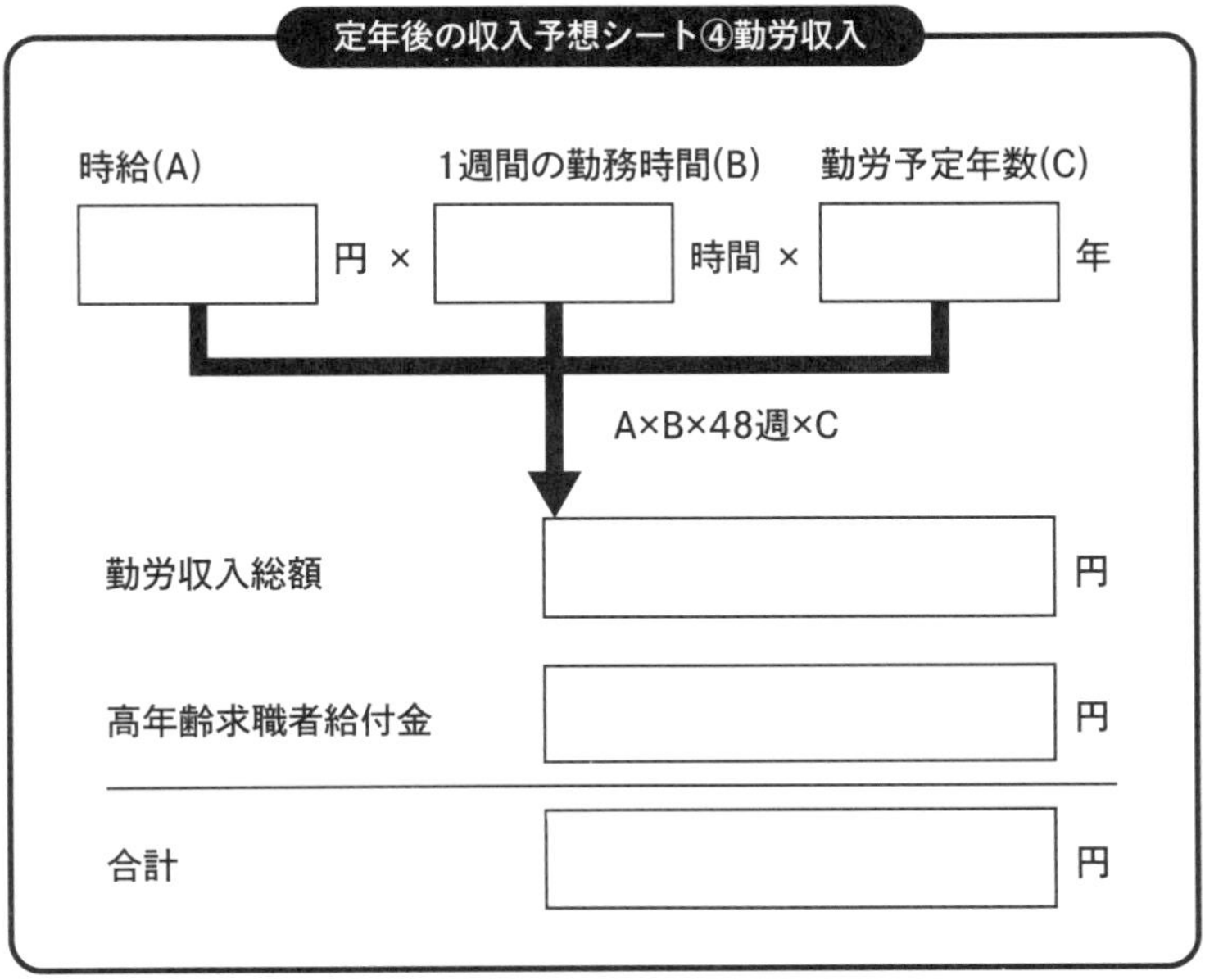

ちなみに、65歳より前に離職する場合は、高年齢求職者給付金ではなく基本手当を受給することになります。こちらも詳しくは第2章で解説してあります。

コラム／60～65歳の勤労収入はどうなる？

本書では65歳以降の家計を「定年後の家計」としているので、本文では65歳以降の勤労収入について説明しました。しかし、定年セミナーなどでは「60歳定年後に再雇用された場合は給与が減ると聞いているので、むしろ60～65歳の家計が心配」という声も聞かれます。

確かに現状では、60歳以後に再雇用される場合に役職などが解かれ、給与が減ることも少なくありません。高年齢者雇用安定法という法律によって、会社は勤労者本人が希望すれば65歳まで雇用継続する義務を負いましたが、実情として60歳までの給与を維持したまま雇用継続することが難しく、苦肉の策として仕事の負担を軽くして給与を下げて雇用継続をするケースがあるのです。

60歳定年後に再雇用で給与がどれくらいもらえるのか、具体的な金額は会社によってまちまちですので、心配であれば会社の総務人事部門に確認してみるといいでしょう。参考までに、独立行政法人労働政策研究・研修機構「高年齢者の雇用に関する調査」(2020年3月)では、定年がある企業の60歳代前半のフルタイム勤務の継続雇用者の平均年収は377万円となっています。

ただし、たとえ60歳以降に給与が減ったとしても、そこまで心配する必要はありません。なぜなら、そのように給与が低下した分は国が少し補いましょう、という制度があるからです。それが雇用保険制度の高年齢雇用継続給付です。

詳しくは第2章で解説したので、そちら

▼60代前半のフルタイム勤務・継続雇用者の平均的な年収の分布

	100万円未満	100万～200万円	200万～300万円	300万～400万円	400万～500万円
定年なし(180社)	13.3%	3.9%	20.0%	25.6%	20.0%
定年あり(4,460社)	7.0%	1.2%	16.3%	32.6%	20.4%

500万～600万円	600万～700万円	700万～	無回答	平均値(万円)	標準偏差(万円)
6.7%	2.2%	3.9%	4.4%	325.0	180.1
8.9%	3.9%	3.9%	5.9%	377.0	295.4

※独立行政法人労働政策研究・研修機構「高年齢者の雇用に関する調査」(2020年3月)より

を参照してほしいのですが、例えば60歳以降の賃金が60歳時点の賃金に比べて61％未満に低下した状態で働き続けた場合、60歳以後の賃金の15％が支給されます。60歳以後の賃金が20万円であれば、高年齢雇用継続給付としてハローワークから20万円×15％＝3万円が支給されるわけです。そうすると年間36万円になり、60〜65歳の5年間では180万円になります。

ちなみに、この高年齢雇用継続給付も、本文で触れた失業給付も、共に非課税です。

注意点として、高年齢雇用継続給付を受給していると老齢厚生年金は一部支給停止になります。ただし、高年齢雇用継続給付が給付されるのは65歳までなので、年金を繰上げ受給しない限りは気にする必要はありません。

なお、残念ながら高年齢雇用継続給付は、2025年度に60歳に到達する人から給付率が半減され、さらにその後段階的に廃止される見込みです。

5

金融資産の金額を確認しよう

1世帯あたりの金融資産保有額は？

退職金や年金と並んで、定年後の大きな備えとなるのが金融資産です。金融資産とは、例えば預貯金や株などを指します（不動産などの実物資産は除きます）。

老後２０００万円問題では「定年後の家計の収支が２０００万円のマイナスになるので、定年までに２０００万円の資産をつくっておきましょう」と騒がれ、不安になった人も多いと思います。それでは実際には皆、どのくらいの金融資産を保有しているのでしょうか？

各種統計によっても金額は違いますが、例えば金融広報中央委員会が全国2万以上の世帯に調査した「家計の金融行動に関する世論調査」（２０２２年）で、２人以上の世帯に調査した結果では、世帯主が50歳代の平均は１２５３万円、中央値は３５０万円となっています。この平均値と中央値は、いずれも金融資産非保有世帯を含んでの金額です。

ちなみに、中央値とは、調査に回答した約3200世帯のうち金融資産の多い順に並べた時、ちょうど順位が真ん中になる世帯の保有額です。

平均の方は、そのまま単純平均となりますが、一家の資産がこの平均値に達している家庭はわずか3割しかいないと言われています。なぜなら、億単位の資産を有している人に平均値が引き上げられてしまっているからです。平均値を見る場合には、この点に注意する必要があります。

▼1世帯あたり金融資産保有額

世帯主の年齢	平均	中央値
20歳代	214万円	44万円
30歳代	526万円	200万円
40歳代	825万円	250万円
50歳代	1253万円	350万円
60歳代	1819万円	700万円
70歳以上	1905万円	800万円
全体	1291万円	400万円

※金融広報中央委員会「家計の金融行動に関する世論調査」(2022年)より

我が家の資産状況を確認する

さて、あなたはどのくらいの金融資産をお持ちでしょうか？　ご自身の世帯では65歳時点で資産がどのくらいありそうか、確認して書き出しておきましょう。その際のポイントは、次の通りです。

①預貯金

銀行預金や郵便貯金の合計金額を書いてください。

ただし、生活口座（給与の受け取りや公共料金・カードの引き落としに使っている普通預金口座）については、日々残高が変動してしまうので、ここでは除いておいた方がいいでしょう。ここで確認したいのは定年後の家計に使える資産ですので、定年後のために貯めている定期預金や定額貯金などが全部でいくらあるかをチェックしてください。

積立預金をしている場合は、65歳までにいくら貯まるか予定金額を計算しましょう。

外貨預金など外貨建ての商品の場合は、為替レートによって何円になるか変わってしまいますが、こちらはとりあえず現在の為替レートで計算すればＯＫです。

なお、細かいことを言えば「今後付く利息はどう見積もれば良いのか」が気になる人もいるかもしれませんが、今は超低金利が続いているので、利息については無視して構いません。

②有価証券類

保有する株、投資信託、国債などの債券、ＲＥＩＴ、ＥＴＦなど有価証券類の合計金額を書いてください。

これらの有価証券類は当然、日々値段が変動していますが、とりあえず現在の評価額で計算してＯＫです。外貨建て商品についても、預貯金同様、現在の為替レートで計算しましょう。

つみたてＮＩＳＡなど積立投資をしている場合は、65歳時点でいくらになるかを見積もってみてください。利回りなどよく分からなければ、とりあえず「最終的な投資元本がいくらになるか」で計算してしまっても良いかと思います。

③保険

保険商品には、満期になると満期保険金が支払われる「貯蓄型」の商品と、満期保険金のない「掛け捨て型」の商品があります。

このうち現在加入している貯蓄型の商品について、満期保険金の合計金額を書いてください。もし途中解約する予定なら、解約時点での解約返戻金で計算すればＯＫです。

ただし、個人年金保険については貯蓄型の商品ではありますが、本書では個人年金の項目で扱っていますので二重に計上しないように、ここでは除いておいてください。

定年後の収入予想シート⑤金融資産

預貯金		円
有価証券類		円
保険		円
合計		円

6

定年後のお金の収支バランスを確認しよう

支出と収入が分かれば収支が分かる

ここまで第3章では「定年後の支出」、第4章では「定年後の収入」を確認してきました。定年後、経済的に困らず充実した生活が送れるかどうか、最後に収支バランスをチェックしておきましょう。

まずは、第3章で把握した定年後の支出予想シート①～⑧の額を、定年安心ノートに「定年後の支出」としてまとめ、合計金額を求めてください。これが、あなたの65歳～90歳までの25年間の生活に必要な支出総額となります。

次に、第4章で把握した定年後の収入予想シート①～⑤の額を、定年安心ノートに「定年後の収入」としてまとめ、合計金額を求めてください。これが、あなたが65歳～90歳までの25年間に使える収入総額となります。

そして最後に、収入総額から支出総額を差し引いて、収支を計算してください。この金額がマイナスであれば「お金が不足する」、プラスであれば「余裕がある」ということになります。

総額だけだとピンとこないようであれば、25で割った「1年あたりの収支」や、さらに12で割った「1ヵ月あたりの収支」も計算しておくと良いかと思います。

プラスでもマイナスでも「準備を始めるきっかけ」に

さて、あなたの定年後の家計の収支はいかがだったでしょうか？

プラスだった方、おめでとうございます。これで安心して定年を迎えられますね。ただし、余裕があるからと言って無計画に散財してしまうと、あっという間に赤字に転落することもありますから、その点にはお気を付けください。

一方、マイナスだった方も、そんなに落ち込むことはありません。月に数万円程度のマイナスであれば、家計を見直すだけで何とかなる可能性が高いです。定年後の支出で、何か削れるところはなかったでしょうか？　あるいは定年後の収入で、資産運用や定年後のチョイ働きなどで増やせる部分があるかもしれません。

【定年後の収入】

①退職金		円
②老齢年金		円
③個人年金		円
④勤労収入		円
⑤金融資産		円
収入総額		円

【収支】

収入総額ー支出総額		円
	÷25	
年額		円
	÷12	
月額		円

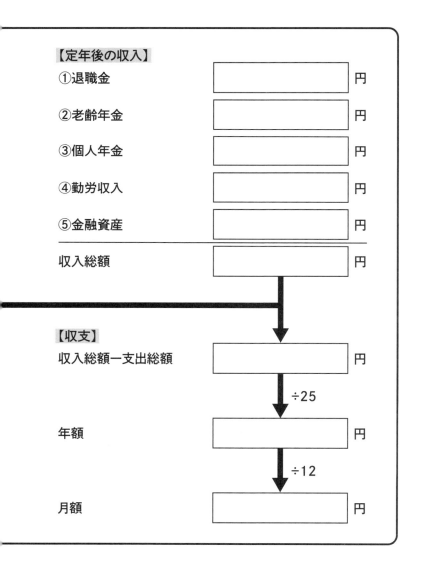

定年安心ノート

【定年後の支出】

①基本生活費		円
②住居関係		円
③医療関係		円
④介護費用		円
⑤子ども関係		円
⑥生命保険料		円
⑦教養娯楽費・交際費		円
⑧税金・社会保険料		円
支出総額		円

そもそも、ここまでお読みいただいた方ならお分かりの通り、この収支はあくまでも現時点での想定から計算したものです。必ずしも実際に書いた通りになるとは限りません。あなたの未来を決定づけるものではなく、よい良いセカンドライフを迎えるための準備を始めるきっかけにしてもらうためのものです。

できれば1回だけでなく、今後も定期的にこのように定年後のお金の見える化をして、定年準備を進めていってください。そうすれば、いざ定年を迎えた時に慌てることは何もなくなっていることでしょう。

第5章

お金の見える化の後に考えること

ここまで「お金」の面から定年後の人生を考えてきました。しかし、経済的には安心できたとしても、それだけで人生が充実するわけではありません。「お金も時間もある中で、長い定年後をどう過ごすのか？」それを考えておくのも、大切な定年準備です。本章では、そのためのヒントを紹介します。

1

定年後の生き方を考えよう

定年後の時間の過ごし方に悩む人は多い

あなたは65歳で今の仕事を離れた後、どのような人生の過ごし方を考えているでしょうか？

セミナー受講生などの話を聞いていると、実は多くの方が定年後の人生について、ほとんど考えていないというのが私の印象です。いや、考えていないのではなく、考えているのだけれども、なかなか結論が見出せないのでしょう。

40年間の長きにわたって一生懸命に働いてきたがために、仕事を失うと何をしていいのか分からなくなってしまう人は多いものです。せっかく仕事のストレスから解放されるのに、今度は「あり余る時間をどう使えばいいか分からない」というストレスに悩まされるのです。

人生１００年時代、定年後にも、老後と言うにはあまりにも長い人生が待っています。

会社員時代の「1日8時間の勤労時間」が、定年後に「1日8時間の自由時間」になった時に、その時間をどう過ごしたいのか？　50代のうちに、ぜひ考えていただきたいのです。

まずは65歳以後の「ありたい姿」を考えよう

まずは、会社員時代や子どもの頃にやりたかったことを思い出して、65歳以後の自分自身のありたい姿を想像してみましょう。

「年に4回は城めぐりの旅行をしたい」

「週に1回ゴルフを楽しみたい」

「学生に戻って心理学の勉強をしたい」

　いろいろ出てくると思います。中には「博士になりたいという子どもの頃の夢を、定年後に果たしたい」と考えて、実際に定年後に大学の博士課程に入学し、地道に研究活動に打ち込み、見事に博士号を取得した人もいます。

「ありたい姿」を実現するための働き方を考えよう

そして、ありたい姿を考えたら、今度はそれを実現するためにどの程度お金が必要になるか考えてみてください。第3章で定年後の教養娯楽・交際費について見積もりましたが、その予算内に収まりそうでしょうか？

もし予算からはみ出てしまっても、そこで夢を諦める必要はありません。むしろ、「ではその不足分を勤労収入で補おう」と考えてみてください。すると、65歳以後の働き方が見えてきます。

例えば、もし「週に1回ゴルフを楽しみたい」という夢であれば、ゴルフのプレー費として毎月少なくとも5万円くらいは必要になるでしょう。この5万円がまるまる不足するとして、それを勤労収入で補うならば、時給1000円のアルバイトを1日4時間、週3日行うと、1ヵ月で1000円×4時間×3日×4週間＝4万8000円の収入ということになります。これなら、何とかなりそうではないでしょうか？

ウィークリースケジュールを立ててみよう

このように「ありたい姿を実現するためにどの程度の時間働けばいいのか」が見えてくると、定年後の毎日をどのように過ごすべきか、自然と決まってきます。

週に1回ゴルフを楽しむための時間を取り、そのプレー費を稼ぐために週3日程度働く時間を取る。週末には、家族とともに買い物や映画、演劇を楽しんだり、ときどき豪華ランチやディナーを楽しんだりする時間を想定しても良いでしょう。自分が楽しむだけでなく、世の中に貢献したいと考え、週1回はボランティア活動を行う時間を取るという人もいます。

そうした計画を元にウィークリースケジュールを立ててみると、定年後の充実した生活のイメージが見えてくるはずです。

▼65歳以後のウィークリースケジュールの例

月曜日	9:00～16:00	アルバイト
火曜日	7:00～14:00	ゴルフ
水曜日	9:00～16:00	アルバイト
木曜日	9:00～15:00	ボランティア活動
金曜日	9:00～16:00	アルバイト
土曜日	10:00～17:00	社会人大学
日曜日	10:00～14:00	買い物、映画、ランチ

2 65歳以後は「チョイ働き」しよう

ほとんどの人は年金だけでも生きていけるが……

定年を迎える多くの方々が迷うのは、65歳以後に働くか否かです。

もちろん生活費にも事欠くような経済状況であれば働かざるを得ないのですが、企業でまじめに30～40年働いてきた方々であれば、ぜいたくをしなければ定年後はほぼ公的年金だけで十分暮らしていけるのではないでしょうか。退職金や貯蓄がほとんどない方でも、大きな借金を抱えていない限り、困窮した老後生活にはならないでしょう。これが、多くの中高年世代の相談に乗ってきた私の印象です。

そうであれば、せっかく一度しかない人生なのですから、自身の好きなことに多くの時間をかけるセカンドライフを送っていただいてもいいのかな、と私は考えています。

充実した定年後を過ごしたいなら「チョイ働き」がお勧め

ただし、「好きなことに時間を使ってください」と言われても、長年まじめに働いてこられた生活習慣が根付いていて、悲しいことに何をしていいか分からないという方もよく見かけます。

そこで、私がお勧めするのが週2～3日の「チョイ働き」です。働く習慣を基本に週2～3日の「チョイ働き」を続け、残りの時間を「好きなこと」に使うというプランをお勧めしたいのです。「ゴルフは忙しい仕事の合間でやるから楽しいのであって、仕事がない中でやってもやりがいがない」という人もいますが、そういう方には特にお勧めです。

「チョイ働き」を勧めるもう一つの理由は、週2～3日の勤務時間であれば、在職老齢年金による年金の支給停止もないということです。第2章で解説した通り、老齢厚生年金をもらいながら会社などで週20時間以上働くと、老齢厚生年金の一部または全部が支給停止されます。しかし週2～3日、週20時間未満の勤務時間であれば、年金は支給停止されません。

さらに、65歳を超えると体力・気力・知力が衰えてくるので、週2～3日の仕事が適度な働き方となるはずです。働きすぎるのも疲れますし、ひと月に数回の仕事では、働くリズム感をつかめません。

定年後の働き方の選択肢はいろいろある

とは言うものの、お金のことが心配だったり、少しでも余裕のあるセカンドライフを送りたかったりという理由で、フルタイムで働きたい方も多いと思います。そこで、65歳以後の働き方にどんな選択肢があるか、ここで改めて整理してみましょう。主な働き方として考えられるのは、次の5つです。

①パート・アルバイト……収入が低いが、自由時間があり気楽に働ける
②フルタイム……ある程度高い収入が期待できるが、自由時間は少ない
③起業……収入は不透明だが、夢を実現できる
④資格を取って独立開業……専門知識が必要だが、高収入も期待できる
⑤フリーランス……収入は不安定だが、スキルを活かし自由を優先できる

①～②は「雇われる働き方」、③～⑤は雇われない働き方となります。ちなみに総務省統計局「労働力調査」（２０１８年）によれば、高齢就業者のうち、役員を除く雇用者は54・９％、自営業者は32・６％となっており、高齢者で雇われて働いている人の割合は過半数を占めています。

この５つの選択肢のうちどれを選ぶかは、もちろん本人次第ではあるのですが、老後資金の余裕度に応じて、主に次の３パターンになると考えられます。

・老後資金に余裕がない場合……安定的に収入を得ることを第一の目的にして②フルタイムで働く
・老後資金に一定程度の余裕がある場合……①パート・アルバイトや⑤フリーランスなどでチョイ働きする
・老後資金に十分余裕がある場合……お金のためではなく夢の実現を目的として③起業や④独立開業などで働く

では、それぞれの選択肢について、考慮すべきことを中心に整理してみましょう。

パート・アルバイトは自由度が魅力だが収入面には要注意

65歳以後も働く場合、まず考えるのはパート・アルバイトでしょう。総務省統計局「労働力調査」（２０２０年）によれば、高齢雇用者のうちパート・アルバイト従事者の割合は52・５％と、過半数を占めています。

パート・アルバイトなどの「チョイ働き」は、高収入は期待できないものの、時間の自由度が高く、経営責任を負わなくて良いなどメリットがたくさんあります。「体力的に衰えてくるので、フルタイムで働くのはきつい」「ガツガツ働くのではなくプライベートな自由時間も楽しみたい」などと考える方のニーズに合った働き方です。

例えば時給１０００円で、在職老齢年金制度の対象にならないギリギリ週19時間働くとすると、１０００円×19時間×４週間＝７万６０００円の勤労収入を得られます。これだけあれば、年金ではちょっと足りない分の生活費を補ったり、様々な趣味を楽しむ費用も捻出できるのではないでしょうか。週19時間であれば、１週間のうち3日働けば達成できますから、ボランティアなど社会貢献活動をする時間や、生涯学習の時間を持つこともできます。

ただし、この働き方には注意点もあります。いわゆる１０６万円の壁の問題です。これは「パート・アルバイトであっても年収が１０６万円を超えると、社会保険に加入し保険料を支払わなければならなくなる」という問題です（社会保険の加入義務について詳しくは第2章を参照してください）。つまり、年収が増えても手取りが減ってしまうということで、このために「働き損」にならないよう勤務時間をセーブする人もいます。

もっとも週2〜3日の「チョイ働き」であれば、そもそも１０６万円の壁に達しないことがほとんどです。また仮に１０６万円の壁を突破しても、世の中のためになり楽しく働いているのであれば、働き損などということはない——それくらいの余裕を持っている人にこそ、この働き方が向いていると私は思います。

フルタイムで働きたいなら早めのスタートを検討する

65歳以後も生活のために高収入で働かなければならないとか、そうでなくても働く以上は高収入で働きたいという場合は、フルタイム勤務の正社員になる選択肢があります

（正社員でなく契約社員やアルバイトであっても、正社員同様に1日8時間、週5日フルタイムで働くのであれば、ここに含みます）。

パート・アルバイトの「チョイ働き」では年収100万円前後の年収しか見込めませんが、フルタイムで働く場合は、年収200〜800万円、場合によっては1000万円を超える年収が期待できる求人もあります。また、自営業と違い収入が安定しているというメリットもあります。

ただし、「60歳を超えるとフルタイムの求人は激減する」という点には注意が必要です。雇用安定法改正により平成19年10月から労働者の募集および採用について年齢制限の禁止が義務化されましたが、現実には、若年層の雇用を優先する趣旨から、高齢者の再就職は狭き門になっています。

ですから、もし65歳以後もフルタイムで働きたいなら、60歳までに早期退職して求職した方が、長い人生の次のステップに向けてよりよいスタートを切れるチャンスが多いかもしれません。

それからもう一つ、フルタイム勤務で考慮すべきことは、病気や労働災害です。65歳を過ぎると体力が落ちてきて、病気やケガもしやすくなります。何より60代で万が一亡くなった場合は、仕事漬けで一生を終えることになりますし、職場の同僚にも迷惑をかける可能性があります。私の知人・友人でも、60代前半で亡くなった人は多いので、他人事ではありません。

資金に余裕があるなら起業して面白い仕事にチャレンジを

会社員時代に果たせなかった夢を、定年後に起業という形態で実現したいと考えている方もいらっしゃるでしょう。起業して成功すれば、年収数千万円も夢ではありません。雇われではないので、仕事の自由度も高くなります。

ただし、収入は安定しない可能性がありますし、経営責任を負うので気楽度も低くなります。事業が赤字続きになれば、あっけなく瓦解して多くの開業資金を失い、年収確保どころか退職金まで使い果たしてしまうかもしれません。定年後に起業するのは体力的にも知力的にも、かなりきついとの認識は必要です。

したがって、定年後の起業については慎重に臨む必要がありますが、人生は一度しかありません。使える資金や家族の状況など一定の制限を加えたうえであれば、チャレンジする価値はあると私は思っています。特に老後資金に余裕がある方は、もっと面白い仕事にチャレンジしてほしいと私は思っています。必ずしも利益を追求し、事業の拡大を目指さなくても、自分のやりがいを目的に、無理せず小さく続ける起業があってもいいのです。

内閣府「高齢者の生活と意識に関する国際意識調査」（令和2年）では、アメリカ、ドイツ、スエーデン、日本の高齢者の労働観を比較しています。これを見ると、「就労の継続を希望する理由は？」との問いに対し、「仕事そのものが面白いから、自分の活力になるから」と回答した日本人男性は14・1％と、4カ国中もっとも低くなっています。これは残念なことで、「仕事が面白いから働く」という気持ちをもっと大切にしてほしいと私は思っています。リスクはあるものの、起業にチャレンジして「面白いから働く」というセカンドライフを目指す人がもっと増えることを期待しています。

なお、定年後に起業する場合、開業当初は個人事業から始めて、事業が軌道に乗ったら法人化を検討する人が多いようです。なぜなら所得がおおむね800万円を超えると、個人事業の所得税の税率より、法人税の税率の方が低くなるからです。また、法人化すると社会的信用度が上がり、資金調達がしやすくなるなどのメリットもあります。

資格を取って独立開業するなら会社員時代の人脈を活かして

税理士や司法書士、社会保険労務士などの国家資格を取得して士業として独立開業する働き方もあります。顧客企業をあまり大きく広げなければ、フルタイムで働くこともなく、週2〜3日程度の「チョイ働き」も可能です。

実際、65歳以後の独立開業なので、会社員時代の人脈から得られた顧問先を相手に、税務相談や年金相談や相続の相談など、無理せず仕事をこなすという方も多くいます。そうやって一度顧客開拓に成功すれば、顧客が顧客を紹介してくれる好循環が生まれ、適度に忙しく充実したセカンドライフを送ることができます。

一方で、資格は「足の底についたご飯粒」と揶揄されることもあります。「資格は取っても食えない」という意味です。しかし、「業務独占資格」と言われる難しい資格を取って独立開業すると、いわゆる「食っていける資格」になる可能性も高まります。

業務独占資格とは、その資格を有する者でなければ携わることが法的に禁じられている業務を独占的に行うことができる資格です。業務独占資格には税理士や司法書士、社会保険労務士などがあります。

私のまわりにも、国家資格を持って独立開業している人がたくさんいます。せっかく難しい資格を取っても顧客を獲得できず廃業する人もいれば、本人の努力や工夫で成功する人もいます。

そういう意味では、「会社員時代に経理や財務の仕事を長年経験したうえで、定年後に税理士としてデビューする」とか「人事部で社会保険関係や人事労務の仕事を長年経験したうえで、社会保険労務士になる」といったやり方であれば、成功する確率は高くなるでしょう。逆に、いくら資格があっても「未経験開業」は慎重に進めるべきと、私は考えています。

また、成功するためには「社会に役立つことを優先する」「業界の人間関係を良好に保つ」「受けた仕事は期待以上の成果を出す」という3点も大切です。

フリーランスとして働くなら営業努力が必要

店舗や事務所を構える独立開業に対し、特定の企業や団体に属さずに仕事を請け負うのがフリーランスという働き方です。職種としてはプログラマーやライター、イラストレーター、翻訳家などが挙げられます。

仕事を依頼されたら動くという働き方になりますので、目いっぱいフルタイムで働くのではなく、自身の都合優先の「チョイ働き」も可能です。法人や個人事業主からの依頼を受けて、月に数回ホームページ作成の仕事をこなすなどは、65歳以後の働き方としては理想かもしれません。

しかしその反面、待ちの姿勢でいるといつまで経っても仕事の依頼は来ません。ホームページやユーチューブなどの媒体を利用して積極的に存在をアピールしないと、期待した成果は生み出せないので注意が必要です。

なお、フリーランスとして働く際には、個人事業として税務署に開業届を提出すると、「青色申告ができ節税メリットがある」「屋号付きの口座を開設できる」「個人事業を対象とした給付金がもらえる」といったメリットがあります。

3

「好きなこと」「得意なこと」を自己分析しよう

定年後は好きなこと、得意なことを仕事にしよう

何かしらの形で65歳以後も働こうと考えるのであれば、働き方だけでなく、どんな仕事をするのかも考えておく必要があります。

では、どのようにして定年後の仕事を選べばいいのでしょうか?

私がお勧めするのは「ご自身の好きなことや得意なこと」をベースにして働くことです。仕事が楽しくなれば、生きがいが生まれ、人生が充実し、人間関係も家族関係も良くなります。仕事にストレスがなければ、健康にも良いでしょう。

たまたま出会う高齢のタクシーの運転手さんの中にも、「運転が好きなので、働いていると楽しいのです」という方がいます。また、好きでやっていた趣味の園芸で定年後の仕事を得た人もいます。

会社に勤めていると、キャリアは会社の都合で決まってきます。社員の希望を受け入れてもらえるケースもありますが、ほとんどは会社都合で異動が決まります。いつも会社が決めてくれるので、キャリア形成は会社任せだった人が多いのではないでしょうか。

しかし定年後は、自分で自分のキャリアを形成することができるようになります。せっかく自身で選ぶことができるのですから、好きなこと、得意なことをベースに、キャリアを形成してみてはいかがでしょうか。

「好き」を活かすなら現実的な夢を描こう

そのためにも、まずはご自身を自己分析してみましょう。

みなさんの好きなこと、得意なことは何でしょうか？

突然聞かれて、戸惑う人もいるかと思います。自身の「好き」を探すのは意外と難しいものです。

「人の相談に乗ることが好きだからカウンセラーになりたい」

「子どもが好きだから保育施設で働きたい」

「料理が好きだからレストランで働きたい」

こういった回答は非常に現実的で、地に足の着いた「好き」と言えます。

一方、「ゴルフが好きだからプロゴルファーになりたい」とか「歌が好きだから歌手になりたい」などと言っても、単なる中高年の「無謀な夢」に終わってしまいます。そんな場合は、「ゴルフが好きだからゴルフショップで働きたい」とか「練習場でレッスンプロとして働きたい」という夢を考えてみると、少しは現実的な希望になるのではないでしょうか。

こうしたことを踏まえ、まずはピュアな気持ちで自身の「好き」を探ってみてください。

「得意」を活かすならこれまでの経験を振り返ろう

また、得意なことも同様に、思い浮かばない人もいるかと思います。会社都合でいろいろな仕事に就いていると専門性が身に付かず、「私の得意なことって何だろう？」と悩む人も多いでしょう。

とは言うものの、長年携わってきた仕事を振り返ると、自身が得意と言える分野がいくつかあるのではないでしょうか？　例えば、パソコンが得意、営業が得意、教えることが得意など、今までやってきたことを振り返ってみましょう。

「パソコンが得意なので、品質管理システムの開発の仕事ができそう」

「営業が得意なので、家電量販店で販売の仕事ができそう」

「教えることが得意なので、管理職研修の講師業ができそう」

こんなふうに、仕事探しの道筋を描けるのではないでしょうか。

数十人が応募する中で1人しか採用されない狭き門の再就職活動で、「私のアピールポイントは責任感が強いことです。何でもやらせていただきます」と答える人がいますが、このような人が採用される可能性は極めて低いと思われます。長年会社員人生を送っていれば、責任感が強くなるのは普通です。それより、長年の経験から少しでも誇れるような得意分野があるはずです。

「私ができることは誰にでもできますよ」と謙遜する中高年も多いですが、職場の同僚など周りの人から褒められる「得意」もあるのではないでしょうか。

調整能力やクレーム対応力など、具体的なアピールポイントをぜひ探してみてください。職業経験が浅い若手社員にはない、高齢者ならではの得意分野があると思います。

好きと得意が相反するケースは要注意

長年携わってきた仕事が「得意」になるのはよくあるケースです。経理部での仕事が長い人は、経理の仕事が得意になる可能性が高くなります。

では、その「得意」は、「好き」になっているでしょうか？

実は、得意なことが好きなことだと勘違いしているケースもよく見かけます。「経理の仕事が得意なので、経理の仕事が好き」と勘違いして、定年後も好きではない経理の仕事に従事したために苦痛になり、1日でも早くリタイアしたいと思っている人もいます。自己分析が間違ってしまっている典型例です。

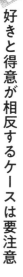

一方で、「確かに経理の仕事は長年やってきたので得意なのですが、私はもっと人と接する仕事が好きなのです」と言って、キャリアコンサルタントの仕事に就いた人もいます。

また、好きでなかったのにやむにやまれぬ事情で始めたことが好きになる事例もあります。人前で話すことが好きではなかった人がやむを得ない事情で、ある専門分野での講師の仕事を引き受け、その後もやむを得ず続けたところ、人前で話すことが苦にならなくなり、ついには好きになり、得意になった人もいます。

このように想定外の仕事を受けたことで、自身の意外な才能に気づくこともあります。これをセレンディピティと言います。いわゆる「偶然の産物」です。「何事にもあたって砕けろ」といった気持ちで新たな仕事に向き合うと、想定外の発見があるかもしれません。

自身の好きと得意をベースに仕事探しをしつつ、意外な才能の発見を楽しむのも良いかもしれません。

希望の仕事に就くために必要なことも考えよう

もちろん、「好きと得意をベースに希望の仕事を探そう」と言っても、そう簡単に希望の仕事に到達できるとは限りません。そこで、希望の仕事をするためには何をしなければならないかも考えていきましょう。

自身が再就職するために面接を受けることを想像してみてください。社長や人事部長に「この人をぜひ採用したい」と思わせるためには、何をアピールしたら良いでしょうか？　自分が社長や人事部長になったつもりで想像してみてください。

求人側が要求するスキルレベルが足りないということであれば、パソコンのスキルを上げるとか、リーダーシップを磨き直すなどが考えられます。

起業する場合は、自身が考える事業が社会から何をどの程度求められているのか、検証する必要があります。社会ニーズを満足させるために何をしなければならないか考えてみましょう。

4 リカレント教育にチャレンジしよう

学び直しは早いほど良い

65歳以後の仕事について、あまり専門性やマネジメント能力を要求されない仕事に就く場合には、無理してスキルアップをする必要はありません。しかし、一段高いレベルの再就職を目指したり、起業や開業を目指したりする場合には、自身の「得意」を市場が求めるレベルに引き上げる必要があります。

私が勧める「チョイ働き」で、仮に介護の仕事で週2〜3日働くとすると、社会福祉士、介護福祉士、介護職員実務者研修、介護支援専門員などの資格を取得していれば採用に有利ですし、時給も高くなる可能性が大です。

ということで、自身の能力を一段高める場や手段を具体的に見ていきましょう。つまり、自分自身を市場から高く評価してもらうための自分磨きの方法です。

人生１００年時代に向けては、「リカレント教育（学び直し）」が必要とされています。学び直しは、スタートが早ければ早いほど効果大です。必要な知識・技能を身に付けるには、60歳あるいは65歳からスタートするなどと考えず、50代の今からスタートしていただいても良いと思います。

私も、国家資格取得の勉強は40代半ばから始めましたが、20～30代で始めておけば良かったと後悔するくらい記憶力の衰えを感じました。その後、国家資格を取得した私は、「チョイ働き」で65歳以後も生きがいと収入を得ながら充実した日々を送っています。

リカレント教育の６つの場

なお、リカレント教育の場には、主に次の６つがあります。

①職業訓練校……最先端技術・ビジネススキル・語学などの習得
②ポリテクセンター……機械加工、電気設備、住宅リフォーム、ＣＡＤ、パソコンなど技術スキルの習得

③大学や公共教育機関……電気工学や経営学、マーケティングなどの習得
④起業塾……事業をスタートアップするためのノウハウの習得
⑤資格取得講座……国家資格を取得するための講座
⑥会社……経理、人事、生産、営業など実務知識の習得

それぞれの特徴について詳しく解説していくので、どこでどんなスキルを磨くのか、計画を立ててみてください。

①職業訓練校

パソコンや経理事務、デザイン、ビル管理、介護職員実務者研修、保育スタッフ研修などの訓練を受けることができます。職業訓練校という名称には固いイメージがあるという理由から、最近では、ハロートレーニングという名称も使われています。

全国のハローワークで職業訓練校を紹介してもらえるほか、各都道府県の労働局が職業訓練のホームページを開いているので、チェックしてみてください。例えば東京都では「リカレントナビ」というサイトを設け、最先端技術・ビジネススキル・語学などカ

テゴリー別に学び直しの講座を紹介しています。

②ポリテクセンター

ポリテクセンター（職業能力開発促進センター）は、独立行政法人高齢・障害・求職者雇用支援機構が運営する職業訓練施設です。全国の道府県に1～4箇所の施設があります。

機械加工、電気設備、住宅リフォーム、CAD、パソコン、経理簿記、医療事務、介護職員初任者研修等の本格的な職業訓練を受けることができます。

③大学や公共教育機関

例えば東京電機大学大学院や筑波大学大学院、広島大学大学院、日本大学大学院などで電気工学や経営学、マーケティングなどを学べる講座が設けられています。

また、シルバー人材センターの講習会では、植木のせん定、襖や障子の張替え講習などを学ぶことができます。

東京しごとセンターでは、55歳以上の方のための就職支援講習を実施しており、パソコン基礎やウェブクリエイター、介護職員初任者研修、経理事務などの講座を受講できます。

東京都立職業能力開発センター高齢者校では、ビル管理、ホテルレストラン、造園技術などの職業訓練が受けられます。

④起業塾を探す

全国の商工会議所には創業塾や起業塾を運営しているところがあり、起業ノウハウの指導を受けられます。

市区町村や大学で、起業塾を開いて起業を目指す人を支援している例もあります。また、銀座セカンドライフ株式会社など、起業を目指す高齢者を支援する民間企業もあります。その他、起業塾を開校するアントレプレナーの方々もいます。

⑤資格取得講座

国家資格の取得を目指す場合、通信教育の受講や、受験講座への通学といった方法があります。

通信教育は、都合の良い時間に自宅で勉強できるメリットがある反面、勉強時間を自分で管理することが難しく挫折するケースも多いようです。また、知識の定着を確認するための問題を自宅で解いて送り、添削してもらうので、どうしてもテキストを見ながら解答してしまい、知識が身に付かないというデメリットもあります。

一方、通学講座は、時間に縛られるデメリットがある反面、受講中は講義に集中できるので、資格試験に合格できる可能性が高くなります。知識の定着を確認するための試験問題もテキストを見ずに解答するので、しっかりと知識を定着させることができます。

なお、資格取得講座を受講して一定要件を満たすと、雇用保険制度から教育訓練給付金を受給できる制度がありますので、チェックしてみてください。

⑥会社

50代のみなさんはまだまだ会社人生が続きますので、今の会社の仕事を通じてスキルアップすることも考えてください。会社は、最良の学びの場です。

50代になって、それまでの仕事とは異なる分野で管理職として業務にあたる方も多くいます。例えば、研究開発部門から人事部長になるなどです。

そのような場合、本人は戸惑いながら管理職としての業務をこなすのですが、実務はすべて部下にお任せというパターンも多いと思います。すると、せっかく人事部という職場で人事労務の専門知識や社会保険の実務能力を身に付けるチャンスが到来しているにもかかわらず、知識や能力が身に付きません。

一方、管理職としての業務を担いながら担当者としての実務も身に付けるという姿勢で仕事に向き合っていくと、能力が身に付き、65歳以後の自分の価値を高めることにつながります。管理能力プラス実務能力のスキルアップにも、ぜひチャレンジしてください。

5 定年後の仕事の探し方を知っておこう

入職経路でもっとも多いのは「縁故」だが……

定年後の仕事の探し方は、多種多様です。年収いくらの仕事を目指すのか、フルタイムなのかパート・アルバイトを目指すのか、といったニーズに応じて探し方は異なります。現役時代に転職したことのある人なら次の仕事探しの経験がすでにあるでしょうが、30年以上も同じ会社に勤めていると、まずは何から始めていいか戸惑うと思います。起業や国家資格を元にした独立開業ではなく、雇われる働き方を選択するのであれば、効率の良い探し方を知っておきましょう。

まず、厚生労働省「雇用動向調査2021年」の「入職経路」のデータで、60代の方々がどのようにして仕事を探したかを見てみましょう。調査結果によると、入職経路の多い順に①縁故、②職業安定所、③広告となっています。

60代の入職経路でもっとも多い縁故は、60代前半で40・8%、60代後半で35・6%でした。他の年代層が20%台であるのに対し、圧倒的に高くなっています。つまり先輩や知人の紹介で仕事を得ることが多いということです。

もっとも、どんな仕事を探したいか、どんな働き方をしたいかによっても、適した仕事の探し方は違ってきます。定年後の仕事の主な探し方は、次の通りです。

①先輩や知人からの紹介……自身の特性を活かした仕事を確保できる可能性が高い
②ハローワーク……公的機関によるもっともオーソドックスな仕事の探し方
③求人広告……自宅でネットや新聞広告で仕事を探せるメリットがある
④シルバー人材センター……植木のせん定など得意技を活かせる仕事を紹介してくれる
⑤再就職支援会社……正社員でフルタイムの仕事を確保できる可能性がある

それぞれについて、解説していきましょう。

先輩や知人に紹介してもらうなら顔をつぶさないように

先輩や知人からの紹介で仕事を得ることができればベストです。それは、得意分野や性格が分かっていることが前提の職業紹介だからです。その人の顔で条件の良い仕事を紹介してもらえる可能性も高くなります。

現役時代に良い人間関係を保っていると、「あの人はいい人なので、新たな職場でも良好な人間関係を保てるだろう」と、仕事を紹介してくれることになるかもしれません。また学生時代の旧友から「あの人はまじめで頭脳明晰だから」と誘われる事例もあります。

しかし、せっかく紹介してもらっても再就職先で期待に応えられない場合、紹介者の顔をつぶしてしまうリスクもありますので要注意です。再就職先の期待に応えるためにも、期待レベルに応じたスキルアップ、学び直しは必要です。

ハローワークで探すなら気持ちを切り換えて

もっともオーソドックスな仕事の探し方が、ハローワーク（公共職業安定所）です。

前述の厚生労働省「雇用動向調査２０２１年」の「入職経路」のデータによれば、国の職業紹介機関である公共職業紹介所（ハローワーク）で探した人は、年齢にかかわりなく20％台半ばになっています。

ハローワークは厚生労働省が運営する機関で、全国各地に5百数十箇所設置されています。職業紹介が主な業務ですが、キャリアコンサルタントに無料で相談できるなど、様々なサービスを提供しています。雇用保険の失業給付（基本手当）の支給手続きの窓口でもありますので、定年退職を迎える方々にとって身近な存在でもあるでしょう。

ただ、ハローワークで紹介してもらえる仕事は、決して人気職種ばかりではありません。企業で管理職を経験した人の中には、「こんな仕事しかないのかよ。バカにするなよ」と率直に口に出してしまう人も多いようです。

以前、ハローワークの職員からこんな話を聞きました。

「企業で定年まで働いた方は、まずは気持ちを切り換えないと仕事に就けません。働かなくても年金と退職金で何とか食っていければいい。いい仕事があれば働いてみたいという人が多いのですが、まず『いい仕事』なるものはなかなかありません」

本人の気持ち次第で、「こんな仕事しかない」から「こういう仕事ならしたい」に切り換わっていくものと思います。仕事を楽しくするのもやりがいにするのも、気持ち次第です。仕事そのものの面白さより、仕事仲間とのおしゃべりやお付き合いを楽しむことに生きがいを見出す人もいます。

ちなみにハローワークで紹介してくれる仕事で多いのは、清掃、マンション管理、調理補助、介護（ヘルパー）、保育補助、警備員などです。

求人広告は60歳以上を対象にすることは少ない

前述の厚生労働省「雇用動向調査２０２１年」の「入職経路」のデータによれば、広告で仕事を見つけた人は40〜50代では25〜30％ですが、60代はその半分くらいになっています。企業がお金を出して求人募集をかける時、60歳以上を対象にすることは少ないということがうかがえます。

ただ、少ないとは言っても広告は3番目に多い入職経路です。

地元の新聞の折り込み広告などの求人では、スーパーマーケットでの清掃作業や介護施設・育児施設での仕事、飲食店での仕事など、職種は多岐にわたっています。地元での求人の場合、通勤時間や交通費がかからないなどのメリットがあります。

また、ネットの求人広告には高齢者向けのパート・アルバイトの求人も載っています。希望する収入や勤務時間、就業場所に応じて「飲食系」とか「倉庫内軽作業系」など職種ごとの仕事が紹介されています。ファストフードやファミレスの店員募集などもあります。

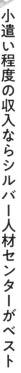

小遣い程度の収入ならシルバー人材センターがベスト

シルバー人材センターは、60歳以上の高齢者が働くことを通じて生きがいを得るとともに、地域社会の活性化に貢献することを目的とする公益社団法人です。２０２１年シルバー人材センター事業年度統計によると全国に１３３９団体あり、会員数は約68万６６５１人となっています。

ハローワークと異なるのは、家庭や企業や公共団体などからの「臨時的・短期的またはその他の軽易な仕事」を基本的に請負または委任の形式によって行うため、必ずしも安定した収入は期待できないことです。また、週20時間、月10日以内などの制限があるので、月収はせいぜい３～５万円程度です（ただし植木のせん定などのスキルを持った会員であれば、月10万円近くの収入を得るケースもあるようです）。年金だけでは不足するゴルフなどの娯楽費といった小遣い程度の収入を得たいのであれば、ベストな探し方になると思われます。

シルバー人材センターの職員から以前、こんな話を聞いたことがあります。

「職種を選り好みしていると、仕事に就くことは難しいです。過去を捨てる気持ちで、自分の家でもやったことのない清掃でも、やってみようと思うことが大切です」

私の知人は、会社員時代は数百人の部下を抱える生産本部長でしたが、定年後はシルバー人材から仕事をもらって、現役時代とはまったく縁のない会社の生産部門で、単純作業となる検査の仕事をしています。彼は、現役時代とは異なる環境で仕事の進め方を見たかったそうです。

ちなみにシルバー人材センターで紹介してくれる仕事で多いのは、ワープロ業務、宛て名書き、公園管理、自転車置き場管理、植木のせん定、障子・襖張り、清掃、観光案内、福祉・家事援助サービス等です。我が家でも、植木のせん定や襖の張替えはシルバー人材センターに依頼していますが、ベテラン会員が新人会員を指導しながら仕事を進めています。職業訓練を実地で行っていることが素晴らしいと、私は感じています。

再就職支援会社は高い能力が求められる

フルタイムの正社員で、ある程度の収入（おおむね年収300万円以上）を得たい場合には、再就職支援会社に登録して仕事を探す道があります。

再就職支援会社とは、リストラや希望退職で退職した社員に、送り出し会社が費用を負担して再就職に導いてくれるという会社です。定年退職して再雇用を希望しなかった社員が利用可能なケースもあります。派遣会社から再就職支援を始めた会社が多いので、当然、正社員ではなく派遣社員として働きたいというニーズにも応えられます。

どこでも通用するスキルや高い専門能力、マネジメント能力があれば、スムーズに再就職できる可能性は高くなります。経理や人事労務、営業、生産部門の経験が豊富な中高年は、有利になりやすい傾向にあります。

ただし求人数は60歳を過ぎると減っていきますので、フルタイムの正社員として再就職したい場合には、定年前の早い決断が必要になります。前述の厚生労働省「雇用動向調査2021年」の「入職経路」のデータによれば、民間職業紹介所で探した人は60代前半で2・8%、60代後半で0・7%。40~50代の5~7%に比べると、半分以下の数字です。再就職支援会社や転職エージェントなどの民間職業紹介所を活用して職業に就く60代の人は極めて少ないということになります。

もちろん60歳を過ぎて中堅企業の取締役として迎えられる事例もありますが、会社側の要求レベルはかなり高くなります。期待どおりの能力を発揮しなければ1年で退職に追い込まれることもあります。

希望する働き方によってベストな探し方は異なる

以上が定年後の仕事を探す主な方法となりますが、当然、希望する働き方によってベストな探し方は異なってきます。それぞれに適した探し方を整理すると、おおよそ次の図のようになります。

私が勧める「チョイ働き」であれば、「アルバイトで働きたい」とか「自由時間を確保したい」というニーズに該当するので、ハローワークや求人広告で探す選択肢は適していますが、再就職支援会社では難しいということになります。

ちなみに、私は会社員時代の人脈で仕事を得て「チョイ働き」を続けています。

▼希望する働き方に適する仕事の探し方

	先輩などからの紹介	ハローワーク	シルバー人材センター	求人広告	再就職支援会社
フルタイムで働きたい	◎	◎	△	◎	◎
アルバイトで働きたい	○	◎	○	◎	△
自由時間を確保したい	△	◎	◎	◎	△
高収入を得たい	◎	○	△	○	◎

6 副業・兼業にチャレンジしよう

副業・兼業・複業とパラレルキャリア

近年は副業や兼業、複業をする人が増えているようです。目的は様々で、給料だけでは足りないから生活費を補うためという人もいれば、人生100年時代に備えて65歳以降の仕事の足掛かりにしたいという人もいます。

ところで、副業と兼業、複業は何がどう違うのでしょうか？

実は、その定義の違いはあまり明確ではありません。

一般的に副業は、メインの本業があるかたわらサブで行う仕事であり、労力や時間や収入が本業に比べて少ない仕事とされています。昼間は会社勤め、夜は飲食店でアルバイトや、ネットで物品販売を行うなどです。

一方、兼業は、本業として会社勤めをしながら別の業務を掛け持ちする形で行います。分かりやすいのは、兼業農家です。

もう一つ、複業にも明確な定義はありません。どちらがメイン・サブということではなく、複数の仕事を掛け持ちする形態というイメージです。

さらにパラレルキャリアという考え方もあります。これはP・Fドラッカーが提唱したキャリア形成の方法で「本業を持ちながら、第二のキャリアを築くこと」と定義されています。本業以外にボランティア活動など収入を伴わない働き方をしつつ、定年後の仕事に結びつくキャリア形成をする方法です。

定年後を見据えて副業・兼業を考える

いずれにせよ、会社員が副業や兼業をすることは原則自由です。就業時間以外は法律を犯さない限り、また公序良俗に反しない限り、何をしても自由です。２０１８年に公表された厚生労働省「副業・兼業のガイドライン」でも、次の通り企業に求めています。

「原則として、副業・兼業を認める方向とすることが適当である。副業・兼業を禁止、一律許可制にしている企業は、副業・兼業が自社での業務に支障をもたらすものかどうかを今一度精査したうえで、そのような事情がなければ、原則、副業・兼業を認める方向で検討することが求められる」

また、ガイドラインでは次の通り、副業・兼業のメリットと留意点を挙げています。

【メリット】

・離職せずとも別の仕事に就くことが可能となり、スキルや経験を得ることで、労働者が主体的にキャリアを形成することができる。

・本業の所得を活かして、自分がやりたいことに挑戦でき、自己実現を追求することができる。

・所得が増加する。

・本業を続けつつ、よりリスクの小さい形で将来の起業・転職に向けた準備・試行ができる。

【留意点】

・就業時間が長くなる可能性があるため、労働者自身による就業時間や健康の管理も一定程度必要である。
・職務専念義務、秘密保持義務、競業避止義務を意識することが必要である。
・1週間の所定労働時間が短い業務を複数行う場合には、雇用保険等の適用がない場合があることに留意が必要である。

私は50代の会社員から相談を受けた時には、「65歳以後の仕事を見据えて、スキルアップのためにも実務能力向上のためにも、できれば副業・兼業するといいですよ」とアドバイスしています。

私が知っている身近な事例では、社会保険労務士の資格を取得して、会社員時代から社会保険労務士事務所を開業して副業していた人がいます。副業が功を奏して、定年後にはスムーズに独立開業し、私が勧める「チョイ働き」を実現しています。

みなさんも、定年後を見据えて副業・兼業を考えてみてはいかがでしょう。

副業・兼業を守る法律も充実してきた

なお、国が副業・兼業を促進するようになってからは、副業・兼業している労働者に対して、労災保険法の面でも労働基準法の面でも保護が強化されています。

例えば、業務上で病気やケガをした時の補償について。

仮に午前9時からA社で働き23万円の給料を得て、A社の終業後、午後5時からは別のB社で3時間働いて7万円の給料を得ているとします。ここで、B社での勤務中にケガをして休業したとすると、休業補償給付の額は、以前はB社での給料7万円のみを元に計算された額になっていました。

しかし、今では労働者保護の観点から、A社とB社の合計額30万円をベースに計算されるようになりました。労災の休業補償給付だけでなく、遺族補償年金も障害補償給付も傷病補償年金もA社・B社の給料の合計額をベースに計算されるようになっています。

また時間外勤務手当についても、配慮がなされるようになりました。そのため、先の例だとA社とB社合わせて労働時間が合計10時間となって法定労働時間8時間を2時間オーバーするので、割増賃金が原則B社から支払われることになります。

ただし、このように保護されるのは、雇用されて副業・兼業をしている場合の話です。副業・兼業の形態が自営業や兼業農家である場合は、このような補償がないことに留意してください。

7 今までの人生を棚卸ししてみよう

定年後の人生に向けて新たな勇気を得るために

有名なジャーナリストの立花隆さんは、その著書『自分史の書き方』（講談社）の冒頭でこんなことを述べています。

「セカンドステージのデザインに何より必要なのは、自分のファーストステージをしっかりと見つめ直すことである。そのために最良の方法は、自分史を書くことだ」

確かに、今までの人生を棚卸しすると、「私も社会や会社にたくさん貢献してきたんだな」と思えたり、「たくさんの幸せを家族に運んできたんだな」と思えたりします。それが達成感や自信につながり、次の人生に向けて新たな勇気をもらうことができます。65歳以降の人生設計をするにあたって、今までの人生を棚卸しするのは、とても有効な手段だと私も思います。

形式にこだわらず気楽にやってみよう

もっとも、本格的に自分史を書くのは相当な時間と知見を要します。そこで、本書では定年後のセカンドキャリアを考えるための簡単な棚卸し方法として、次の手順で書き出してみることをお勧めします。

①人生を振り返る

今までの職業生活ではどのような職務に携わってきたのか、経験した仕事を職務分野別に書き出してみましょう。例えば、「海外営業」「商品開発」「経理事務」などです。

また、職業生活以外の活動についても振り返ります。家族や地域社会、趣味や生涯学習など、今までに携わった活動も書き出してください。

②輝いていたのはいつ頃？

研究開発や営業など、実績を上げていた時期はいつ頃だったのか、ご自身が輝いていた頃を振り返ってみましょう。思いきり自慢話を書いてください。もし輝いていたという実感がなければ、長年にわたって地道にコツコツやってきた経験を書くのもＯＫです。また、家庭生活においては「結婚して子育てしていた頃が人生で一番充実感があった」というケースもあると思います。

輝いていた時期を振り返ることにより、「あの輝きをもう一度」という感覚で、セカンドキャリアへの足掛かりにしていきましょう。

③資格・免許・学習歴

努力して取得した資格・免許があれば、いつどんなものを取得したのか書き出してみましょう。会社の研修で学んで得たスキルもあると思いますので、学習歴として書いてみてください。

図に作成例も示しましたが、あまり形式にこだわらず、気楽につくってみてください。このように今までの人生を棚卸しができたら、それを元にすると、自分の得意なことや好きなこと、自分が輝けること、挑戦してみたいことが見えやすくなるはずです。

▼今までの人生の棚卸しの例

①人生を振り返る

・大学生時代に映画サークルで映画を製作（20歳）
・ABC株式会社研究開発部で新製品を開発（23歳～36歳）
・職場の同僚と結婚（30歳）
・第1子誕生（32歳）
・生産技術部で新生産システムを構築（36歳～40歳）
・マレーシアの工場に海外単身赴任（40歳～47歳）
・海外営業部で南米の営業拠点を開設（48歳～55歳）
・胃がんの手術を受ける（53歳）

②輝いていたのはいつ頃？

・30歳代前半に研究開発部門で計60件の特許を出願し、新製品開発に活かした。その新製品は、売上で業界トップの座を奪還した。
・30歳代は、子育てと仕事の両立で充実感に満ちていた。
・40歳代前半にマレーシアで新生産工場を1年で軌道に乗せ、マネジメント能力に自信を持てた。

③資格・免許・学習歴

・新任管理職研修受講（38歳）
・技術士取得（26歳）
・中小企業診断士取得（48歳）

あとがき

定年後の３大不安を一気に解消する方法

「定年後の不安」をテーマにした世論調査では「お金・生きがい喪失・健康」の３つが定番になっています。特に「お金の不安」は、もっとも定番です。

このお金の不安を解消するため、本書では「定年後のお金の見える化」をして、具体的に定年後の収入と支出を明らかにしたうえで、もしお金が足りなかった場合の具体的な対策として「チョイ働き」をお勧めしました。

やみくもに不安を抱えるだけでなく、不安の中身を明らかにし、その不安解消策まで、具体的なアクションプランを立てて実行に移せば、「老後は安心」ということになります。週２～３日を目途に好きな仕事でチョイ働きしていれば、お金に困ることもないし、健康も維持できるし、社会に貢献できているという生きがいも生まれます。つまり、「チョイ働き」は定年後の3大不安を一気に解消してくれるのです。

投資や起業より「チョイ働き」がスタンダード

このチョイ働きの考え方は、ごくノーマルな考え方だと私は思っているのですが、このような考えを主要なテーマにした書籍はあまり多くありませんでした。実際、ほとんどは「働かなくても定年後を乗り切る資産運用術」や「老後生活費を確保する定年起業術」といった本ばかりです。

しかし、定年まで資産運用などしたことがなかった会社員が資産運用術を本で学んだからと言って、なかなか老後資金をうまく増やせたりはしません。また、自分では資産運用のセンスがないので、運用アドバイザーに丸投げして儲けようと試みたものの、結局大損を被ったという人も少なからずいらっしゃいます。

定年後、あこがれの起業にチャレンジしたものの、結局失敗し老後資金の大半を失ったという人もいます。

それに対して、本書でお勧めする「チョイ働き」は、地味で魅力にかけるかもしれませんが、65歳以後のもっともオーソドックスな働き方なのです。

定年後の仕事は「収入」より「仲間」が大事

ＮＨＫの世論調査で「日本人の意識調査」というものがあります。その中で、「どんな仕事が理想的ですか?」という質問があります。

その回答のうち第１位は「仲間と楽しく働ける」という選択肢でした。一方、「高い収入が得られる」は第６位。つまり、働いてお金を稼ぐことよりも、仲間と楽しく働けることが大切ということです。

私が勧める「チョイ働き」の主目的は、まさに「収入」より「仲間」です。「チョイ働き」の対象となる働き方は、警備や介護やマンション管理など、必ずしも人気職種ではありません。しかし、仕事そのものは華々しくないものの、仲間との付き合いが楽しいというケースが多いのです。

キャリア理論では、収入とか地位に価値を置くことを「外的キャリア」と呼び、仕事仲間との交流や社会貢献などに価値を置くことを「内的キャリア」と呼んでいます。「チョイ働き」は、まさに「内的キャリア」を満足させるものです。だから、心を満足させ、人生を豊かにしてくれるのです。

幸せで豊かな定年後のために

また、米国プリンストン大学のダニエル・カーネマン教授の「幸福度調査」によると、ある一定以上の収入を超えても、幸福度は上がらないそうです。つまり、ある程度衣食住を充足できれば、それ以上収入が増えても幸福度は打ち止めになるのです。

そういう観点からも、「チョイ働き」は定年後の王道だと、私は思っています。

本書が、読者の皆様が幸せで豊かな定年後を安心して迎えるためのヒントとなることを祈っております。

最後に、本書の執筆にあたって根気よくご助言いただきました株式会社秀和システム様、および出版のきかっけを与えてくださったネクストサービスの松尾昭仁社長、大沢治子様に心から感謝申し上げます。

２０２３年６月

澤木　明

【著者プロフィール】
澤木　明（さわき・あきら）

◎さわき社会保険労務士事務所長、ライフプランナビ代表、一般社団法人中高年齢者雇用福祉協会主任講師。保有資格は、社会保険労務士、ファイナンシャル・プランナー（CFP®）、キャリアカウンセラー（CDA）。

◎1950年東京都出身。群馬大学工学部卒業後、小西六写真工業株式会社（現コニカミノルタ株式会社）に入社。研究開発職や人事部門を経て、2002年同社を早期退職。独立開業後は大企業から中小企業、学校の教職員や国家公務員など幅広い層を対象に、中高年世代向けの講演やライフプランセミナーを年間100回以上受託。講演やセミナー後の個別相談は、20年間で延べ1000人以上に達している。

◎相談者から「相談して良かった。定年後の不安が解消されました」と言ってもらえることが何よりのやりがい。「マネープラン」や「キャリアプラン」についての講演やセミナーは、明快な解説と豊富な事例紹介により「分かりやすく面白い講義」と好評を得ている。

ライフプランナビWebサイト
https://www.lifeplan-navi.jp/

■企画協力：ネクストサービス株式会社　松尾昭仁
■装丁：大場君人

定年後《ていねんご》のお金《かね》「見《み》える化《か》」入門《にゅうもん》

発行日 2023年 8月 7日 第1版第1刷
2024年 1月 5日 第1版第2刷

著 者 澤木《さわき》 明《あきら》

発行者 斉藤 和邦
発行所 株式会社 秀和システム
〒135-0016
東京都江東区東陽2-4-2 新宮ビル2F
Tel 03-6264-3105（販売）Fax 03-6264-3094
印刷所 日経印刷株式会社 Printed in Japan

ISBN978-4-7980-7080-3 C0033

定価はカバーに表示してあります。

乱丁本・落丁本はお取りかえいたします。

本書に関するご質問については、ご質問の内容と住所、氏名、電話番号を明記のうえ、当社編集部宛FAXまたは書面にてお送りください。お電話によるご質問は受け付けておりませんのであらかじめご了承ください。